HB Bildatlas

W0323459

Liebe Leserinnen, liebe Leser!

Knapp 8 Millionen Urlauber, davon rund 1,3 Millionen aus Deutschland, zog es 2001 an die kroatische Adriaküste. Für Sport und Freizeitvergnügen rund ums Wasser bietet die 1800 km lange Küste mitsamt den vorgelagerten Inseln traumhafte Bedingungen, Wandern oder Klettern kann man im felsigen Karstgebirge oder im idyllischen Hinterland. Auch Kunst und Kultur kommen nicht zu kurz, denn es gibt ja noch die vielen hübschen alten Städtchen, die von Hügeln oder felsigen Halbinseln herabblicken und den Besucher in eine andere Zeit entführen.

Der Fotograf Jan Kammerhof ist in Köln zu Hause und bereiste speziell für den HB Bildatlas die kroatische Küste.

Heide Marie Karin Geiss, freie Reiseautorin, lebt in Windach am Ammersee. Segeln ist ihre Leidenschaft und die kroatische Adriaküste ihre zweite Heimat.

Vieles ist geblieben, vieles hat sich (zum Guten) verändert, seit Kroatien sich aus dem Jugoslawien Titos verabschiedete. Die Privatisierung brachte Bewegung in die Hotel- und Gastronomieszene, die seit Ende der 1990er-Jahre mit steigenden Touristenzahlen belohnt wird.

Zugegeben – von einem noch unentdeckten Reiseziel kann bei der kroatischen Adria nicht mehr die Rede sein. Doch selbst erfahrene Kroatien-Urlauber werden einräumen müssen, dass sie viele versteckte Winkel im Hinterland und vermutlich die meisten der unzähligen Inseln nicht kennen. Noch lange ist nicht alles zu dieser Region gesagt und noch lange wird nicht alles wertgeschätzt, was sie zu bieten hat, an Neuem und an Altem.

In diesem Sinne wünschen wir Ihnen viele schöne und spannende Entdeckungen!

Ihr HB-Bildatlas-Team

Immer Richtung Süden: Die Jadranska Magistrale ist eine phantastisch schöne Küstenstraße

Die kroatische Adriaküste von Novigrad bis Dubrovnik: Küste und Hinterland, Landschaften und Städte, Typisches, Unbekanntes und Liebenswertes.

Eine Region, zwei Gesichter

Ob Küste oder Hinterland, das macht in Istrien einen wesentlichen Unterschied. Quirlige Hafenstädtchen und viel besuchte Ferienzentren einerseits, Natureinsamkeit und ländliches Idyll andererseits.

Inhalt

Im Hafen von Vis

Istrien: Süden und Osten 34–47

Badespaß mit Tradition

Angefangen hat alles in Opatija, wo sich der Adel zur Kur traf. Heute kann man wählen zwischen den Badeanstalten der Kurstadt und den Fels- oder Kiesbuchten zwischen Opatija und Pula.

Kunstgalerie in Grožnjan

Kvarner Bucht 48–63

Buntes Inselquartett

Cres, Lošinj, Krk und Rab – vier Inseln in der Kvarner Bucht mit ganz unterschiedlichem Charakter.

Norddalmatien 64–77

Ab in die Natur!

Zwischen der Kvarner Bucht und Split warten zahlreiche Natursehenswürdigkeiten auf Besucher – angefangen von den weltberühmten Plitwitzer Seen bis zu den Krka-Wasserfällen bei Šibenik.

Mitteldalmatien 78–93

Von der Sonne verwöhnt

Festland oder Inseln? Hier fällt es wirklich schwer, sich zu entscheiden! Am Festland warten Städte wie Trogir und Split, auf den Inseln empfängt den Besucher mediterrane Urlaubsstimmung.

Süddalmatien 94–107

Besuch bei der Grande Dame

Mittelalterliche Wehrmauern, Klöster aus der Gotik und Paläste aus der Renaissance – Dubrovnik hat von allem etwas.

TOP ZIEL – Besonders Sehenswert

Anhang

Leinen los!

Freizeitskipper geraten ins Schwärmen, wenn von der kroatischen Adria die Rede ist. Kein Wunder – mehr als 1000 vor der Küste liegende Inseln, unzählige Buchten und Ankerplätze und zahllose hübsche Hafenstädtchen wie Mali Lošinj wollen entdeckt werden.

610-ML

Küste im Blick

Wenn eine Route den Namen ›Küstenstraße‹ verdient, dann ist es die Jadranska Magistrale, die sich von Rijeka bis nach Dubrovnik an der Küste entlangschlängelt. Der Ausgleich für die vielen Kurven: grandiose Ausblicke auf Berghänge und Meer – wie hier an der Makarska-Riviera.

Schätze aus dem Meer

Muscheln, Schwämme, Seeigel und Seesterne – kleine Kunstwerke der Natur, die als Andenken hoch im Kurs stehen

Städte, die Geschichte(n) erzählen

Von Kriegen und Belagerungen, von Eroberern und Herrschern, aber auch von Friedenszeiten mit Wohlstand und kultureller Blüte berichten die Küstenstädte Kroatiens – hier Dubrovnik –, in deren Stadtbilder man lesen kann wie in einem offenen Buch.

Grünes Wunder

Wasser im Überfluss. Kristallklare Bäche, türkisgrüne Seen, Kanäle und Kaskaden. Überall rinnt, plätschert und rauscht es im Nationalpark Plitwitzer Seen.

Inselidyll

Außerhalb der Saison hat man in dem kleinen Hafenort Stari Grad auf der Insel Hvar den Eindruck, dass die Moderne noch nicht angekommen ist. Zum Glück, meinen diejenigen, die hier einen geruhsamen Urlaub verbringen wollen.

SG-406

Stilles Abseits

Motovun ist ein Bergstädtchen wie aus dem Bilderbuch, umgeben von Eichenwäldern, Wiesen und Weinbergen, weit, weit weg von Strandleben und Ferientrubel. Kaum zu glauben, dass den Ort nur knappe 30 Kilometer von der Küste trennen.

Eine Region, zwei Gesichter

In erster Linie denkt man bei Istrien an Sonne und Meer, an Felsbuchten mit Badestränden, an türkisblaues Wasser und Schnorchelplätze. Aber auch an hübsche alte Hafenstädtchen wie beispielsweise Rovinj, Poreč oder Vrsar, die mit ihrem venezianischen Erbe mediterranen Charme versprühen. Ganz anders das Hinterland von Istrien: ländlich, rau und von eher spröder Schönheit. Zwischen Wäldern, Weinbergen und Feldern hocken winzige mittelalterliche Dörfer auf Hügelkuppen und vermitteln den Eindruck, als sei die Zeit hier stehen geblieben.

Vor der Küste von Rovinj liegen viele kleine bewaldete Inseln, zu denen Ausflugsboote pendeln.

▲ Die Euphrasiusbasilika in Poreč

▼ Abwechslung zum Strandleben: Schiffsausflug

▼ Poreč von oben

▼ Gemächlich: eine Fahrt mit der Bimmelbahn

▲ Abendstimmung am Ufer

▼ In den Gassen von Poreč

Vrsar an der Westküste von Istrien. Ein beliebter Badeort und ein pittoreskes Städtchen mit dem obligatorischen venezianischen Kirchturm und bunten Häusern um einen kleinen Hafen. Und zahlreichen verlassenen Steinbrüchen in der Umgebung, stumme Zeugen für den ehemaligen Reichtum dieser Gegend. Die Rede ist vom istrischen Marmor, dem grauen Stein, der von Bildhauern wegen seiner großen Widerstandsfähigkeit und seiner Beständigkeit gegen Salz besonders geschätzt wurde.

Ob – wie oft behauptet wird – die monumentale Kuppel im Mausoleum des ostgotischen Königs Theoderich (493–526) in Ravenna aus ›Vrsarer Steinen‹ gefertigt wurde, ist nicht bewiesen. Fest steht jedoch, dass während der langen Herrschaft der Venezianer über Istrien – immerhin vier Jahrhunderte – der Export von Marmor aus Vrsar boomte. Für zahlreiche Paläste und Kirchen in Venedig wurde der istrische Stein als Baumaterial benutzt. Von dem italienischen Renaissancebildhauer Antonio Rizzo ist überliefert, dass er persönlich in den Steinbrüchen bei Vrsar vorbeischaute, um sich die schönsten Stücke zu sichern, die er unter anderem für seine Arbeiten am venezianischen Dogenpalast benötigte.

1991 ließen kroatische Künstler die alte Tradition der Bildhauerkunst wieder aufleben und gründeten im verlassenen Steinbruch ›Montraker‹ eine internationale Sommer-Bildhauerschule. Staunend kann man hier verfolgen, wie aus einem formlosen Steinklotz ein filigran gearbeitetes Kunstwerk wird. Und wer Lust hat, darf sich auch persönlich davon überzeugen, wie schwer das ist! Die Ergebnisse der ›Profis‹ lassen sich in dem mehr als 10 ha großen Skulpturenpark des Bildhauers Dušan Damonja bewundern, der unter anderem auch im Museum of Modern Art in New York und in der Tate Gallery in London ausstellt.

Austern frisch

Zwischen Poreč und Rovinj klafft plötzlich zwischen den Karsthügeln, die urwaldartig mit immergrünem, dichtem Buschwald bewachsen sind, ein 500 m breiter, canyonartiger Meereseinschnitt, der Lims-

▲ Ansichten von Rovinj: Venezianisches Tor ...

▲ Rovinjs Altstadt von Norden

▼ ... und Seglerhafen

▼ Eine Institution: der Markt von Rovinj

▼ Souvenirmarkt

▼ Das Wahrzeichen von Rovinj: der Uhrturm

ki-Kanal (Limski zaljev). Der Name leitet sich ab von dem lateinischen Wort ›Limes‹ für Grenze, denn genau hier verlief früher die Grenze zwischen den Herrschaftsbereichen Poreč und Pula. Rund 10 km ragt der Limski-Kanal ins Land hinein und geht dann über in das Tal des Flusses Lim. Eigentlich ist der ›Fjord‹ nämlich ein Karsttal, das durch den angestiegenen Meeresspiegel überschwemmt wurde.

Der Salzgehalt des Wassers ist verhältnismäßig niedrig, der Sauerstoffgehalt dafür deutlich erhöht – beides gute Bedingungen für die Muschel- und Fischzucht. Seit Jahrhunderten hat dieses Gewerbe hier Tradition, und der Meeresarm steht deshalb auch unter besonderem Schutz: Segel- und Motorboote dürfen ihn nicht befahren und das Baden in dem Gewässer ist ebenfalls nicht erlaubt.

Dass die Austern- und Muschelfarmen im Limski-Kanal meist mit guten Ernten gesegnet sind, hat sich herumgesprochen. Die meisten der Besucher kommen deshalb nicht allein wegen der beeindruckenden Landschaftsszenerie hierher, sondern um in einem der dortigen Restaurants frische Austern und Muscheln zu genießen.

Solide Baukunst

Überall im Hinterland von Istrien sind sie zu finden – die alten verlassenen Steinhäuser. Lange Zeit hielten sie einen Dornröschenschlaf, doch das soll sich nun ändern: Immer mehr wohlhabende Kroaten wollen ein original istrisches Steinhaus ihr Eigen nennen, sei es als Ferienhaus oder als Altersruhesitz, egal ob aus sentimentalen Gefühlen der ›guten alten Zeit‹ gegenüber, aus Sympathie für die ebenso einfache wie solide Bauweise oder nur deshalb, weil es eben zurzeit schick ist, ein altes istrisches Steinhaus zu besitzen.

Seit Jahrhunderten werden diese Häuser in genau der gleichen Art und Weise gebaut. Das gesamte Baumaterial stammt aus der Umgebung und besteht hauptsächlich aus Stein und Holz. Die Mauern können bis zu drei Metern dick sein. Das hat den Vorteil, dass die Innenräume während der heißen Sommermonate angenehm kühl sind, im Winter hingegen, wenn die kalte Bora gnadenlos pfeift, die gemütliche Kaminwärme im Haus erhalten bleibt.

▲ Thront über dem Mirnatal: Motovun

▼ Glagoliterallee bei Roč

▼ Gasse in Vodnjan

▲ Kleinstadt im istrischen Hinterland: Buje

▲ Fresken in der Pfarrkirche von Pazin

▼ Im Zentrum von Buzet

Aus den gleichen Gründen sind die Fenster sehr klein gehalten. Bei einem original istrischen Steinhaus wird natürlich auch kein Verbundmaterial verwendet. Vielmehr werden die Steine so geschickt bearbeitet, dass sie fast lückenlos aufeinander passen. In die verbleibenden winzigen Zwischenräume streicht man dann eine Mischung aus roter istrischer Erde und Sand. Die Decken der Innenräume sind mit alten Holzbalken ausgestattet, ein offe-

SPECIAL

Jules Verne und sein Held

Pazin, die ›Hauptstadt‹ Istriens, ist eine eher unscheinbare Bergstadt, die man vermutlich links liegen ließe – gäbe es da nicht das trutzige Kastell, das in erhabener Lage über einer steilen Schlucht thront. 130 m weiter unten rauscht das Wasser der Fojba, die während der Schneeschmelze im Frühjahr zu einem reißenden Fluss anschwillt. Eine Szenerie wie geschaffen für Furcht einflößende Abenteuergeschichten. Schon so mancher Literat ließ sich vom Anblick der Schlucht inspirieren, so beispielsweise der italienische Dichter Dante Alighieri, der im 14. Jh. die Burg besuchte und durch sie zur Beschreibung des Höllenschlundes in seiner ›Divina Commedia‹ angeregt wurde. Der kroatische Schriftsteller Vladimir Nazor beschrieb das Kastell in seinem Werk ›Blutige Tage‹, und auch der Franzose Jules Verne verarbeitete seine Eindrücke literarisch. Graf Sandorf, der Held seines Romans ›Mathias Sandorf‹, ist im Kastell von Pazin eingekerkert. Doch ihm gelingt die Flucht aus den Festungsmauern hinunter zum Fluss, der ihn in den Limski-Kanal und damit in die Freiheit spült. Das alles passiert in der ›elften Abendstunde‹ bei ziemlich ungemütlichem Wetter. ›Die Gewitterwolken öffneten sich zu einem heftigen Platzregen.‹ Doch keine Sorge: Heute geht es in der ehemaligen Habsburgerfestung weit weniger dramatisch zu. Mit viel Liebe zum Detail wurde hier ein Volkskundemuseum eingerichtet, das dem Alltagsleben im istrischen Hinterland gewidmet ist.

ner Kamin im Wohnzimmer ist obligatorisch. Die kleineren Räume im Obergeschoss werden heute meist als Schlaf- oder

▲ Fjordartiges Karsttal: der Limski-Kanal

▼ Seglerparadies Istrien

▼ Immer frisch: Meeresfrüchte und Fisch

▼ Verkaufsstände am Limski-Kanal

▲ Viele kleine Inseln liegen vor der Küste von Vrsar

▼ Romanische Kirche in Vrsar

Gästezimmer genutzt. Einige Bauunternehmer und Immobilienhändler Istriens haben sich bereits auf die Restaurierung der alten Steinhäuser spezialisiert. Das einzige Eingeständnis an die Moderne sind die elektrischen Leitungen. Das Wasser im Haus allerdings kommt – wie schon seit Jahrhunderten – entweder aus der eigenen Zisterne oder aus der eigenen Quelle.

Bitte nicht stören!

Auf jedem Dorfplatz sind sie zu finden – die schweigenden Männer, die wie hypnotisiert auf kleine, hölzerne Kugeln starren, um diese dann mit einer gekonnten Armbewegung in eine bestimmte Richtung zu werfen.

Wer jetzt vorschnell zu wissen glaubt, dass es sich dabei um das im Mittelmeer-Raum sehr beliebte Boccia-Spiel handelt, wird gleich eines Besseren belehrt werden. Denn hier ist die Rede von dem istrischen Nationalspiel schlechthin, einem Wurf-Spiel namens ›Božanje‹, das zu italienischen Zeiten noch Borello-Spiel genannt wurde. Zwei Parteien treten gegeneinander an, wobei die Spielregeln ausgesprochen kompliziert sind. Verwendet werden handgroße Kugeln, die oft noch aus Holz gefertigt und geheiligte Erbstücke der Familie sind. Größere Orte, in denen professionell trainiert wird, teerten sich aalglatte Bahnen, die ehrenamtlich von den Spielern gepflegt und gehegt werden. In kleineren Orten, in denen mehr der Spielspaß als das Millimeterzählen und die Preisgelder im Vordergrund steht, wird das Ganze wesentlich einfacher gehandhabt, denn der Ortsmittelpunkt, ein meist sandiger Platz, dient als Spielbahn.

Immer sonntags nach dem Kirchgang – sozusagen als Belohnung – ist Božanje-Zeit, und nur wirklich schlechtes Wetter kann die Istrianer von ihrem Spielvergnügen abhalten. In Kroatien werden sogar Meisterschaften abgehalten, wobei das Team aus Poreč auf den vordersten Plätzen mitmischt. Warum bei diesem Spiel vor allem ältere Herren mitspielen, erklären diese mit ihrer langjährigen Erfahrung in der Wurftechnik, die bei diesem Spiel notwendig sei. Nichtspieler spötteln, dass dieser Sport deshalb bei ihnen so beliebt ist, weil man sich so gut wie gar nicht bewegen muss ...

KOPER
Izola
Piran
Portorož
Rt Madona
Piranski Zaliv
Rt Savudrija
Savudrija
Umag
Sv. Pelegrin
Novigrad
Poreč
Vrsar
Rovinj
Otok Katarina
Crveni Otok
Rt Gustinja
Rt Barbariga
Nacionalni park Brijuni
Brijuni
Veli Brijun
PULA
Rt Verudica
Premantura
Rt Kamenjak
Medulinski zaljev
Rt. Marlera
Buje
Momjan
Grožnjan
Buzet
Motovun
Pazin
Beram
Labin
Raša
Barban
Pićan
Gračišće
Vodnjan
Fažana
Galižana
Marčana
Svetvinčenat
Žminj
Kanfanar
Bale
Tinjan
Lupoglav
Roč
Hum
Limski kanal
Canale di Leme
Jadranska magistrala
Istarske Toplice
Jezero Butoniga
Riviera
Fažanski kanal
Venézia
Mali Lošinj 3½h
Zadar 8h
*NESACTIUM
1
2
3
4
5
6
7
8
Maßstab 1:300.000
0
5 km

Infos

Novigrad 1

Die kleine, auf einer Halbinsel gelegene Hafenstadt (3000 Einw.) wurde von den Römern gegründet. Von 520 bis 1831 war sie Bischofssitz und ab 1270 wichtiger venezianischer Holzausfuhrhafen. Erst im 18. Jh. wurde der Ort mit dem Festland verbunden.

Sehenswert: Der Altstadtkern ist gut zu Fuß zu besichtigen. Besuchen sollte man die romanische dreischiffige Pfarrkirche **Sv. Pelagij** mit ihrem venezianischen Kampanile und der spätromanischen Krypta sowie in der Ulica J. Milovac den **Palazzo Urizzi** mit Lapidarium. Für das leibliche Wohl sorgen zahlreiche Kneipen und Fischlokale.

Umgebung: Umag, 16 km nördlich, ist eines der größten Ferienzentren an der istrischen Westküste mit einem Yachthafen und vielen Freizeitmöglichkeiten. Das alte Umag, ein venezianischer Weinort, liegt auf einer Halbinsel. Zu einem Bummel lädt die Hauptgasse Garibaldi ein, an der die meisten Cafés und Geschäfte versammelt sind. Im Stadtmuseum (Gradski muzej, Di.–So. 10.00–12.00, 18.00 – 21.00 Uhr) werden Funde aus der langen Vergangenheit Umags gezeigt.

Aktivitäten: Zahlreiche Bademöglichkeiten an den Kiesstränden der Novigrader Riviera. Außerdem Drachenfliegen, Surfen, Rad fahren. In Umag wird vor allem Tennis groß geschrieben.

Veranstaltung: Juli: Music Nights, Jazzfestival, Tel. 052/75 77 90.

ⓘ TZO, Porporella 1, Tel./Fax 052/757075 E-Mail: tz-novigrad@pu.hinet.hr

Poreč 2

Poreč (15 000 Einw.) ist eines der größten Touristenzentren Kroatiens, aber auch eine über 2000 Jahre alte Stadt mit autofreiem, gut erhaltenem Altstadtkern. Circa 800 v. Chr. von den Illyrer-Histrern gegründet, ab 177 v. Chr. unter Herrschaft der Römer, ab 1267 der Serenissima Venedig. Eine schwere Pest ließ im 17. Jh. die Einwohnerzahl auf 100 schrumpfen. 1862 trat in Poreč, das seit 1797 zu Österreich gehörte, der erste Istrische Landtag zusammen.

Sehenswert: Die dreischiffige frühbyzantinische **Euphrasiusbasilika** (Bazilika Eufrazijana, 6. Jh.) mit sehr gut erhaltenen Mosaiken wurde 1997 von der Unesco zum Weltkulturerbe erhoben. Zu finden ist sie in der Eufrazijeva, parallel zum römischen Decumanus (Fußgängerzone). Im Inneren zwei Reihen Marmorsäulen mit prächtigen Kapitellen sowie Mosaiken mit biblischen Szenen im Altarbereich u. a. aus Marmor, Perlmutt, Halbedelsteinen und Gold gefertigt. Im **Baptisterium** (5. Jh.) steht ein oktogonales Taufbecken. Der Bischofspalast hinter der Basilika besitzt eines der ältesten Bodenmosaiken. Vom **Glockenturm** herrlicher Blick auf die Altstadt (gesamter Gebäudekomplex: Eufrazijeva 22, tgl. 7.00–19.00 Uhr). An der Hauptstraße **Decumanus** gibt es zahlreiche Eisdielen, Souvenirläden und Schmuckgeschäfte. Im barocken Palais der Familie Sinčić aus dem 17. Jh. (Decumanus 9) sitzen heute das **Heimatmuseum von Porestina** (Narodni muzej, 9.00–12.00 und 17.00–21.00, im Winter 9.00–12.00 Uhr, www.culture-vision.com) mit über 2000 Exponaten sowie die Denkmalbibliothek mit über 6000 Büchern aus dem 16.–19. Jahrhundert. Im angegliederten Lapidarium kann man antike Skulpturen und Kapitelle bewundern. Nahe dem Marafor-Platz, dem ehemaligen römischen Forum, steht das **Romanische Bürgerhaus** (Romanicka kuca) mit hölzernem Balkon und außen gelegenem Treppenhaus. An der Uferpromenade (Obala Marsala Tita) liegen Fischerboote vor Anker, die ihren frischen Fang entladen. Schöne, zum Teil auch schattige Badeplätze gibt es auf der kleinen vorgelagerten **Insel Sveti Nikola** direkt gegenüber von Poreč.

Umgebung: Baredine bei Nova Vas (knapp 8 km nördlich), eine 132 m tiefe Tropfsteinhöhle mit fünf Sälen, zahlreichen Stalagmiten und Stalaktiten und einem unterirdischen See (April– Okt. 9.00–18.00 Uhr).

Frühmittelalterliche Mosaiken in der Euphrasiusbasilika von Poreč

SPECIAL

Das Istrische Rind

Ziemlich zäh, gutmütig und von beeindruckender Größe – das sind die Haupteigenschaften des Istrischen Rindes, einer Rinderrasse, die es nur auf der Halbinsel gibt. Kennzeichen dieser Rindviecher, die schon hier geweidet haben sollen, als es noch römischer Boden war, sind die halbmondförmig geschwungenen Hörner. Waren es vor 50 Jahren noch über 50000 Rinder, die sich hier tummelten, sind es heute nur noch 112. Damit zählt diese Rinderart zu den vom Aussterben bedrohten Tierrassen. Um eben das zu verhindern, hat der Verband der Züchter dieser Rinder (›Suig‹), unterstützt durch finanzielle Zuschüsse der Regierung, das ›Projekt zum Schutz des istrischen Rindes‹ ins Leben gerufen und eine Art Tierpark gegründet, in dem heute 25 dieser gewaltigen graufarbenen Urviecher leben. Der Park ist für die Öffentlichkeit zugänglich (Brežac 1, Tel. und Fax 052/449184).

Aktivitäten: Zahlreiche Sportmöglichkeiten, u. a. Golf und fast alle Wassersportarten (Jet-Ski, Wasser-Ski, Tauchen, Segeln, Surfen).

Veranstaltung: Im Sommer: Jazzkonzerte im Lapidarium, Kirchenmusik in der Basilika, Juli/August Sommerfestival mit großem Straßenfest, Folklore und Theater.

ⓘ Turistička zajednica Istarske županije (Tourismusverband des istrischen Verwaltungsbezirks), Pionirska 1, Tel. 052/452797, Fax 452796, E-Mail: tzzi-po@pu.hinet.hr, TZG, Zagrebačka 9, Tel. 052/451293, Fax 451665, E-Mail: tic@istra.com

Vrsar 3

Der ehemalige Marmor- und Fischerort (2300 Einw.), auf einer kleinen Halbinsel 60 m hoch gelegen, ist bei Nudisten bekannt, denn hier gibt es das größte FKK-Camp Kroatiens in Koversada.

Sehenswert: Die Sehenswürdigkeiten in dem kleinen, überschaubaren Altstadtkern sind die Pfarrkirche **Sv. Martin** (19. Jh.) mit ihrem Glockenturm und daneben das **Kastell Vergotini**, das 800 Jahre lang Sommerresidenz der Bischöfe von Poreč war. Eindrucksvoll: der Ausblick vom Kastell auf die 18 Inseln.

Umgebung: Park skulptura Dušana Džamonje, der **Skulpturenpark**, des Bildhauers Dušan

Badespaß mit Tradition

Angefangen hat alles in Opatija, wo sich Hoch- und Geldadel Ende des 19. Jh.s zur Kur trafen. Die verschnörkelten Fassaden der alten Hotelpaläste in der Kurstadt und die noblen Villen im benachbarten Lovran erinnern noch an diese Zeit. Und heute? Natürlich steht das Badevergnügen an erster Stelle, aber es gibt auch noch die pulsierende Hafenstadt Pula mit ihrem beeindruckenden römischen Erbe oder das alte Bergwerksstädtchen Labin oder die unter Naturschutz stehenden Brionischen Inseln, zu denen Ausflugsboote pendeln.

Felsige Badebuchten wie hier bei Rabac, zu denen man meist nur auf schmalen Fußwegen gelangt, sind das ›Kapital‹ der istrischen Küste.

▲ Römisches Erbe in Pula: Sergierbogen

▲ Pulas Attraktion Nummer eins: das Amphithe

▼ 1600 Jahre alter Olivenbaum auf Veli Brijun

▼ Badefreuden in Rabac

▼ Ruinenstadt Dvigrad

▼ Provinzidyll: Vodnjan

Wer heute durch die quirlige Hafenstadt Pula spaziert, kann kaum glauben, was die Geschichtsbücher erzählen: Dass dieser Ort nämlich noch im 18. Jh. ein völlig verschlafenes Nest war, durch Seuchen und Kriege dezimiert auf gerademal 600 Einwohner. Das Heer der Stadt bestand aus neun (!) Soldaten, von denen man behauptete, dass sie den Hungertod mehr fürchteten als den Tod durch Feindeshand. Ende des 18. Jh.s übernahm Österreich die Herrschaft über Pula. Nach den Aufständen von 1848 beschlossen die neuen Herren, die strategisch ausgezeichnete und absolut windgeschützte Lage der Bucht zu nutzen und Pula zum Militärstützpunkt auszubauen. Als Folge blühte die Stadt wirtschaftlich auf und wurde zum wichtigsten Hafen der Habsburgermonarchie. Bis zum Jahr 1910 erhöhte sich die Einwohnerzahl um das Vierzigfache. Da die stationierten Soldaten aber mehr der Kaffeehaus- als der Theaterkultur frönten, kam das kulturelle Leben der Hafenstadt fast zum Erliegen. James Joyce, den es 1904 für ein paar Monate nach Pula verschlug, jammerte, er fühle sich in ein geistiges Sibirien versetzt.

Heute hätte Joyce keinen Grund mehr, über die Kulturlosigkeit der Stadt zu schimpfen, schon gar nicht während der Sommermonate, wenn die Größen aus Pop und Klassik im römischen Amphitheater auftreten. Schon in der Antike war diese Arena nicht nur Schauplatz diverser Kämpfe. Vor bis zu 23 000 Zuschauern wurden sogar Seeschlachten inszeniert, bei denen man das Theater vorher fluten ließ. Im Mittelalter verkam das stolze Bauwerk zum Steinbruch, in dem sich ab dem 14. Jh. auch die Venezianer nach Herzenslust bedienten – bis der venezianische Senator Emo 1583 die völlige Demontage verhinderte. Gott sei Dank, denn so kann das Wahrzeichen der Stadt auch heute wieder dem kulturellen Leben in Pula Glanz verleihen.

Den Histrern auf der Spur

Für die Gründung einer Stadt wählten die Ureinwohner Istriens, die illyrischen Histrer, verständlicherweise ein besonders gut zu verteidigendes Plätzchen aus. Die Hochebene etwa 10 km nordöstlich von

▼ Fassadenpracht in Opatija

▼ Im Angiolina-Park

▼ Feuchtes Vergnügen

▼ ›Gruß an das Meer‹ – Opatijas Wahrzeichen

▲ *Hotel mit Tradition: Das ›Kvarner‹ in Opatija*

▼ *Villa Angiolina*

Pula, nahe dem Dorf Valtura, schien ihnen dafür am besten geeignet, und so errichteten sie hier die Stadt Vizače-Nesactium. Schon bald entwickelte sich ihre Gründung zur politischen Metropole und Kultstätte des Landes. Das lockte 177 v. Chr. die Römer an, die 20000 tapfer kämpfende Histrer besiegten und die Stadt als die ihre erklärten. Der Stolz verbot den Besiegten die erniedrigende Gefangenschaft, daher wählten viele lieber den Freitod.

SPECIAL

Späte Entdeckung

Noch bevor die Histrer ihren Kampf gegen die Römer verloren hatten, brachte König Epulon, Herrscher über die Histrer, seinen königlichen ›Schatz‹ vor den verhassten Feinden in Sicherheit und vergrub ihn. Das Versteck war so sicher, dass man es erst 1981 entdeckte. Über 3000 Teile dieses legendären Schatzes wurden geborgen, darunter wertvoller Bronzeschmuck und reich verzierte Gefäße, die man heute im Archäologischen Museum in Pula bewundern kann.

Bis in die Völkerwanderungszeit war Vizače-Nesactium eine blühende römische Siedlung. Bei einem Spaziergang über das Ausgrabungsgelände erkennt man u. a. noch das geräumige Forum, die Reste einer frühchristlichen Doppelbasilika und einer Thermenanlage sowie Grundmauern von Werkstätten und Wohnhäusern. Die Reste dieser Gebäude sowie die Tatsache, dass die Ansiedlung über drei große Wasserreservoire und ein Kanalisationssystem verfügte, liefern den anschaulichen Beweis dafür, dass Nesactium in der Tat eine bedeutende Stadt gewesen war.

Besuch bei Baron Gautsch

Längst hat es sich herumgesprochen, dass Istrien nicht nur über, sondern auch unter der Wasserlinie viel zu bieten hat. Um hier zu tauchen, benötigt man eine Genehmigung, die an jeder Tauchbasis oder im Hafenamt erhältlich ist. Gerade die interessante Mischung aus Wracks, Steilwänden und Grotten macht diese Region bei Tauchfreunden immer beliebter. Ein ›Muss‹ für jeden Taucher ist die Tour zu

▲ *Herrliches Wandergebiet: das Učkagebirge*

▶ *Gasse in Labin*

▲ *Labins Hauptplatz Crč*

▲ *Palazzo Battiala-Lazzarini in Labi*

▼ *Quirliger Hafen: Rabac*

den drei Wracks, der ›Baron Gautsch‹, der ›Coreolanus‹ und der ›Giuseppe Dezza TA35‹, alle unweit von Rovinj zu finden. Ein besonderes Highlight ist der berühmte, in 28 bis 40 m Tiefe liegende Luxusliner ›Baron Gautsch‹, der am 13. August 1914 auf eine Treibmine der eigenen Kriegsmarine aufgelaufen war. Binnen weniger Minuten sank das Prachtschiff. Dort, wo man früher in üppig ausgestatteten Räumlichkeiten das Souper oder den Tee zu sich nahm, leben heute Muränen, Conger-Aale und der bizarr gewachsene Fisch ›Zeus Faber‹, im Volksmund auch Heringskönig genannt.

Die Brionischen Inseln, heute Nationalpark, waren früher militärisches Sperrgebiet, da sich hier unter anderem die private Residenz von Josip Broz Tito befand, dem Staatspräsidenten der damaligen Sozialistischen Föderativen Republik Jugoslawien. Tauchen war hier natürlich strengstens untersagt, weshalb sich über Jahrzehnte hinweg eine völlig unberührte Unterwasserwelt mit einzigartigen Tieren und Pflanzen entwickeln konnte, die seit dem Sommer 2000 wieder ›betreten‹ werden darf.

Bei Medulin im Süden der istrischen Halbinsel trifft man auf eine stark zerklüftete Unterwasserlandschaft, geformt durch die ständige starke Strömung in dieser Region. Aus den zahlreichen Grotten begrüßen den Taucher Hummer, große Drachenköpfe, Meerbarben, Gabeldorsche, Sepien, Geweihschwämme und Moostierchen. Wer das leider selten gewordene Seepferdchen entdeckt, darf sogar einen Wunsch äußern, der dann in Erfüllung geht. Taucherehrenwort!

Die gute alte Zeit

Man schreibt das Jahr 1844. Der stressgeplagte, sehr vermögende Manager, Signore Inginio Scarpa, beschließt, in einem 30 Seelen zählenden Dorf namens Abbazia (heute Opatija), direkt am Meer gelegen, eine Sommerresidenz für seine werte Erholung erbauen zu lassen, ganz im spätklassizistischen Stil. Die Villa, die er auf den Namen seiner Gattin Angiolina tauft, wird schon bald beliebter Treffpunkt der ›oberen Zehntausend‹, zu denen unter anderem Kaiser Ferdinand von Österreich

▲ Skater an der Uferpromenade von Rabac

▲ Am Strand von Medveja

▲ Portal eines Patrizierhauses in Lovran

▼ Römische Ruinen auf den Brionischen Inseln

▼ *Villa im ehemaligen Fischerort Ičići*

und Gemahlin Maria Anna zählen. Doch erst die Verlängerung der österreichischen Bahnstrecke Wien–Triest bis nach Opatija macht aus dem kleinen Fischerort eine mondäne Kurstadt, die wegen ihres angenehm milden, gesunden Klimas besonders während der Wintermonate den europäischen Adel anzieht. Das Gästebuch der Stadt nennt berühmte Persönlichkeiten wie den italienischen König Umberto von Savoyen, den österreichischen Kaiser Franz Joseph, der hier mit der Schauspielerin Katharina Schratt geturtelt haben soll, Kaiser Wilhelm II. und arrivierte Künstler wie Gustav Mahler, Franz Lehár und Giacomo Puccini. Rauschende Feste werden in den neu erbauten Villen und prächtigen Palästen gefeiert, Geld spielt bei alledem natürlich keine Rolle.

Dem gewaltigen Villenbauboom folgt im ›österreichischen Nizza‹ ein noch gewaltigerer Hotelbauboom. 1884 weiht man voller Stolz das luxuriöse Hotel ›Quarnero‹ (Kvarner) ein, gefolgt vom Hotel ›Kronprinzessin Stephanie‹ (Imperial) und ›Opatija‹ (1885) sowie der Villa ›Amalia‹.

Ab 1889 darf sich Opatija offiziell Kurort für Erkrankungen der Atemwege, Rheumatismus und Herzkrankheiten nennen. Damit die betuchten Kurgäste nicht im Dunklen lustwandeln müssen, gibt es ab 1896 elektrische Straßenbeleuchtung, und bereits 1908 muss man hier nicht mehr zu Fuß gehen, sondern kann die neue Straßenbahn benützen. Was für ein Luxus!

Der Ausbruch des Ersten Weltkrieges setzt dem ein jähes Ende. Danach versinkt die Kurstadt in einen langen Dornröschenschlaf, von dem sie erst in den 1960er-Jahren wieder erwacht. Die alten Eliten gibt es nicht mehr, Massentourismus heißt jetzt das Zauberwort. Der Preis für die ›Wiederbelebung‹: Zahlreiche Bettenburgen aus Beton, oft unschön zwischen die alten Villen gestellt, prägen das Bild der einstigen Nobelkurstadt. Was in den 1960er-Jahren für gut befunden wurde, erweist sich heute als Altlast. Denn: Man besinnt sich wieder der guten alten Zeiten, ›Klasse statt Masse‹ lautet die neue Devise der Tourismusverantwortlichen. Ein hoch gestecktes Ziel, dessen Realisierung sicherlich noch etwas Zeit und Mühen in Anspruch nehmen wird!

I S T R A
Ć I Č A R I J A
Park prirode Učka
Rijeka
Opatija
Volosko
Matulji
Kastav
Klana
Lovran
Medveja
Ičići
Ika
Mošćenice
Mošćenička Draga
Brseč
Plomin
Labin
Rabac
Raša
Barban
Pićan
Gračišće
Pazin
Motovun
Buzet
Hum
Roč
Grožnjan
Oprtalj
Istarske Toplice
Buje
Kanfanar
Žminj
Svetvinčenat
Bale
Vodnjan
Galižana
Pula
Arena
Kaštel
Fažana
Medulin
Premantura
Rt Kamenjak
Banjole
Pomer
Ližnjan
Marčana
Krnica
Nesactium
Peroj
Nacionalni park Brijuni
Veli Brijun
Mali Brijun
Cres
Valun
Lubenice
Osor
Unije
Porozina
Beli
Kvarner
Rijekčki zaljev
Vela vrata
Srednja vrata
Jadranska magistrala
Učka-Tunnel
Plominska Luka
Luka Budava
Medulinski zaljev
Rt Marlera
Rt Verudica
Rijeka-Split 12h, Korčula 14-20h, Dubrovnik 18-24h
Bari 25h
Mali Lošinj 3½h
Zadar 8h
1
2
3
4
5
6
7
30
60
Maßstab 1:300.000
0
5 km

Infos

TIPP

Istrien mit dem Rad – warum nicht?

Mit dem Drahtesel

Wem durchorganisierte Biker-Touren mit Bikehotels, Werkstattdiensten und Wäscheservice zu wenig Eigeninitiative und Abenteuer bedeuten, ist in Istrien genau richtig. Denn den entdeckungsfreudigen Biker erwarten hier fast 2600 km Radfahrwege, die sich wie ein Spinnennetz vom Norden nach Süden und von der West- an die Ostküste über die Halbinsel ziehen. Dabei handelt es sich nicht um ausgewiesene Radwege, sondern um überwiegend enge, kurvige Landstraßen, oft auch nur um holperige Feldwege. Nicht zu verachten sind die Steigungen im Landesinneren, aber auch an der Ostküste kann man bisweilen ganz gut aus der Puste kommen. Für Anfänger sind daher mehr die Routen im Süden Istriens zu empfehlen. Im sportlich anspruchsvolleren Norden verdient man sich zu Recht eine kurze Rast in einer gemütlichen Konoba, die in jedem istrischen Ort zu finden ist. Frisch gestärkt mit istrischem Schinken geht es dann weiter – wohin genau, das verrät der ›Biker-Atlas‹ Istrien, oder eine der vier kostenlosen Broschüren ›Istrien-Bike‹, die in fast allen Fremdenverkehrsämtern vor Ort erhältlich sind.

Bale ①

Die engen Gassen von Bale sind in zwei Ringen um den Karsthügel angelegt, von dem das Städtchen übers Land schaut. Obwohl nur 15 km von der Küste entfernt, ist Bale doch ein Ort, wie er typischer nicht sein könnte für das istrische Hinterland.

Sehenswert: Beherrscht wird Bale von dem stolzen **Palazzo Soardo-Bembo**, der aus zwei Viereckürmen und einem gotischen Wohntrakt aus dem 14./15. Jh. besteht. An die venezianische Vergangenheit des Städtchens erinnern auch andere Gebäude so z. B. der **Getreidespeicher**, die **Loggia** und der **Prätorenpalast**. In der neoromanischen Pfarrkirche **Sv. Julijan** (1880) steht ein reliefverzierter Steinsarkophag aus dem 8. Jh. (Informationen bei TZG, Trg palih boraca 3, 52211 Bale, Tel. 052/ 824045).

Umgebung: Dvigrad. Im Mittelalter befanden sich in diesem bewaldeten Talschluss etwa 15 km nordwestlich von Bale zwei Festungen – daher der Name Dvigrad, ›Zweiburg‹. Eine Pestepidemie im Jahr 1630 führte dazu, dass die beiden Burgen samt Ansiedlung verlassen wurden und verfielen. Die Natur hat den einsamen Ort beinahe wieder zurück erobert, denn die eindrucksvollen Ruinen von Wehrtürmen, Häusern und Kirchen sind vom Grün überwuchert.

Vodnjan ②

Besucher des kleinen Ortes (3000 Einw.) fühlen sich in eine andere Zeit versetzt. Mittelalterliche Gassen, venezianische Palazzi mit filigranen gotischen Spitzbogenfenstern und viele gut erhaltene Renaissancegebäude machen Vodnjan zu einer kleinen Perle unter den istrischen Landstädtchen.

Sehenswert: Von den 130 im Mittelalter vorhandenen Kirchen gibt es heute ›nur‹ noch 19. Die bekannteste und außerdem die größte Kirche Istriens ist die neobarocke Pfarrkirche **Sv. Vlaho** mit ihrem 60 m hohen Glockenturm. Neben Gemälden und üppigen Marmoraltären beherbergt die Wallfahrtskirche auch eine kuriose Sehenswürdigkeit – gemeint sind die jahrhundertalten Mumien dreier Heiliger, u. a. die des heiligen Nicolosa (Besichtigung nach Voranmeldung, Tel. 052/511420). Auch das kleine **Museum** mit sakraler Kunst lohnt einen Besuch.

Umgebung: 4 km südwestlich von Vodnjan liegt der alte Ort **Peroj**, der nach einer Pestepidemie verlassen und 1658 von Kolonisten aus Montenegro besiedelt wurde. Die orthodoxe Kirche des hl. Spiridon zeigt kretisch-venezianische Ikonen. Unweit des Ortes, an einer von den Römern angelegten Straße, befindet sich die kleine dreischiffige Basilika Sv. Foška (7. Jh.), früher eine Pilgerstätte.

Pula ③

Größte und älteste (über 300 Jahre) Stadt Istriens (82 000 Einw.) an der Südspitze der Halbinsel mit Industriehafen, Werft, Hochhäusern an der Peripherie und einer unerwartet hübschen, sich spiralförmig um einen Hügel windenden Altstadt.

Sehenswert: Hauptattraktion ist das ovale römische **Amphitheater** (1. Jh.), das fünftgrößte der Welt (132 x 105 m) mit einer Außenmauer von über 30 m Länge. In den Gewölberäumen der einstigen Arena informiert eine Ausstellung über den Wein- und Olivenanbau in römischer Zeit (tgl. 9.00–16.00 Uhr, im Sommer 8.00–21.00 Uhr, Trg festivala). Sehenswert sind auch das **Archäologische Museum** (Arheološki muzej istre, Carrarina 3, Mo.–Fr. 9.00–19.00 und Sa. 9.00–15.00 Uhr, im Winter Mo.–Fr. 9.00–14.00 Uhr) u. a. mit Fundstücken aus der Römerzeit, der mächtige **Sergierbogen** zwischen Laginjina und Ulica Sergijevaca (Hauptfußgängerzone), ein 8 m hoher Triumphbogen der Familie Sergi (1. Jh. v. Chr.) sowie der **Augustustempel** (2–14 n. Chr.) am ehemaligen römischen Forum, heute ein belebter Platz mit zahlreichen Cafés (Trg republike). Das venezianische **Rathaus** daneben mit seinen gotischen Arkaden geht auf das 13. Jh. zurück. Auf dem Trg Narodni im Osten der Altstadt findet tgl. außer So. u. Fei. 6.00–20.00 Uhr Istriens größter **Obst- und Gemüsemarkt** statt, u. a. in der Jugendstil-Markthalle, in der es auch eine Fischabteilung gibt. Vom venezianischen **Kastell** (13. Jh., historisches Museum tgl. 8.00–19.00 Uhr), auf einem der sieben Hügel von Pula gelegen, bietet sich ein herrlicher Blick auf Hafen und Amphitheater.

Umgebung: Medulinski zaliv, 70 km zerklüftete Küste mit den Touristenzentren **Medulin** und **Premantura**, unzähligen Fels- und Kiesstränden. Wegen der guten Windverhältnisse ist die Küste ein Surferparadies. Der Ort Medulin mit fast 18000 Übernachtungsmöglichkeiten hat zahlreiche Lokale und Diskotheken zu bieten. Außerdem gibt es hier die einzige zweitürmige Kirche Istriens (Turistička zajednica Tel./Fax 052/577145).

Aktivitäten: Wassersport an den Badestränden um die Halbinsel Verudela, Surfen, Wandern im Naturpark auf der Halbinsel Kamenjak.

Veranstaltungen: Juli: Filmfestival Tel. 052/ 464 77 00, Juli/August: Histra Festival, u. a. mit Konzerten im Amphitheater und im Kastell/Brionische Inseln, Tel. 052/21 29 87.

ⓘ TZG Pula, Forum 3, 52100 Pula, Tel. 052/21 29 87, Fax 21 18 55, www.istra.com/pula

Stimmungsvoll: Die Festspiele im Amphitheater von Pula

Brionische Inseln ④

Kaiser Wilhelm II. traf sich hier mit Erzherzog Franz Ferdinand, Tito verbrachte hier meist die Sommermonate und empfing wichtige Gäste, und auch der kroatische Präsident Franjo Tudjman nutzte sie gerne für offzielle Empfänge oder auch als privates Refugium. Die Öffentlichkeit hatte jedenfalls bis zum Tod Titos 1980 keinen Zutritt zu den 14 Inseln an der südwestlichen Spitze von Istrien, die heute Nationalpark sind (Nacionalni Park Brijuni). Zugänglich ist Veli Brijun, das größte Eiland im Archipel, das wegen seines angenehmen Klimas und seiner üppigen Vegetation als kleines Naturparadies gilt. Regelmäßige Schiffsverbindungen vom Hafenort Fažana nach Veli Brijun, im Sommer auch Ausflugsfahrten von den Badeorten Istriens.

Sehenswert: Pinien, Lorbeerbüsche, Zypressen, Erdbeerbäume, Myrten, Palmen und Eukalyptusbäume – Veli Brijun ist im Grunde ein einziger **subtropischer Park**, den man zu Fuß, mit dem Fahrrad oder mit der Mini-Eisenbahn erkunden kann. Das **Kastell** im Hafen der Insel (16. Jh.) wurde zum Museum umfunktioniert und zeigt archäologische und kulturgeschichtliche Exponate zur langen Geschichte der Brijuni-Inseln. An der Ostküste von Veli Brijun, in der Bucht Verige, kann man die **Reste einer prunkvollen römischen Landvilla** (1. Jh.) besichtigen, an der Westküste blieben die Ruinen eines byzantinischen Castrums erhalten. Die **Villen**, in denen Titos Gäste nächtigten bzw. empfangen wurden, liegen alle an der Westküste.

ⓘ Nacionalni Park Brijuni, Brionska 10, Fažana, Tel. 052/525888, Fax 521367, E-Mail: np-brijuni@pu.tel.hr

Labin ⑤

320 m hoch auf einem Felshügel, mit weitem Blick auf das nahe Meer, breitet sich akropolisartig die mittelalterliche Stadt Labin aus. Illyrer, Römer, Ostgoten, Byzantiner, Langobarden, Franken und ab 1420 die Venezianer – alle wussten ihre strategische Lage zu schätzen. Die Kohlebergwerke in der Umgebung reichten bis an Labin heran und bedrohten durch einen Erdrutsch sogar die Altstadt. Nachdem die Zechen 1972 stillgelegt worden waren, begann man mit der Restaurierung des Stadtzentrums.

Sehenswert: Außerhalb der alten Stadtmauer liegt der belebte **Hauptplatz** mit der herrlichen Barockfassade des Palastes Battiala-Lazzarini (18. Jh.), in dem heute das Labiner **Volksmuseum** untergebracht ist (Narodni muzej, im Sommer tgl. 10.00–13.00 und 17.00–19.00 Uhr). Besonders beeindruckend: der nachgebildete Stollen samt einer kleinen Sammlung zum Thema Bergbau im Untergeschoss des Museums. Durch das **Stadttor** von 1587 gelangt man in den verwinkelten, gut erhaltenen Altstadtkern mit etlichen **Barock- und Renaissancehäusern** sowie der gotischen **Pfarrkirche Mariä Geburt** (14. Jh.) mit Fensterrose und 1623 errichtetem Glockenturm. Im **Frankovič-Palast**, dem Geburtshaus von Matthias Flacius Illyricus (1520–1575), gibt es eine kleine Gedenkstätte zu Ehren des berühmten Theologen und Weggefährten Martin Luthers.

Umgebung: Zu Fuß auf schönem Wanderweg genauso gut zu erreichen wie auf der 5 km langen, steilen Straße: **Rabac**, ein ehemaliges Fischerdorf in der grün bewachsenen Bucht unterhalb von Labin, heute einer der beliebtesten Ferienorte an der istrischen Küste. Kleiner, belebter Hafen, herrliche Kiesstrände und viele Badebuchten mit Blick auf die gegenüber liegende Insel Cres.

Oberhalb der tiefen und schmalen Schlucht des einstigen Flusses Boljunčica erhebt sich das alte Städtchen **Plomin**, das heute fast verlassen ist. Dem Verfall getrotzt haben u. a. zwei mittelalterliche Kirchen, die beide dem hl. Georg geweiht sind: die romanische Kirche Sv. Juraj Stari und Sv. Juraj Mladi aus dem 15. Jh., in der man ein großes Wandbild aus dem Jahr 1475 entdecken kann.

1535 wurde der kleine Ort **Barban**, nahe der Raša-Mündung gelegen, von den venezianischen Behörden auf einer Auktion an die Familie Loredan verkauft, die 1606 den Ostteil des Kastells zu ihrem Wohnsitz umbauten. Die zwei erhaltenen Stadttore stammen aus dem 18. Jahrhundert. Die kleine Bruderschaftskirche St. Antonius besitzt gotische Fresken (15. Jh.). Erst vor kurzem wurde in Barban das traditionelle Ritterstechen wieder ins Leben gerufen, dessen Geschichte bis in das Jahr 1696 zurückreicht. Ähnlich wie bei anderen Ritterspielen versuchen die Ritter bei diesem Wettkampf, einen Metallring zu durchstechen.

Veranstaltungen: Seit 1993 werden in Labin während der Sommermonate die ›**Neuen Labiner Kunstbegegnungen**‹ veranstaltet. Im benachbarten Dubrova findet ein internationales **Bildhauer-Symposium** statt. Die Arbeiten, die während der dreimonatigen Workshops entstehen, sind anschließend in der Umgebung von Dubrova zu besichtigen.

ⓘ Titov trg 10, Tel./Fax 052/852399.

TIPP

Maronenzeit

Herbstzeit ist in Istrien auch Maronenzeit. Nicht nur in Lovran, auch in benachbarten Orten gibt es deshalb jedes Jahr ein Maronenfest. Einige Bauern haben sich auf die Herstellung von Maronenschnaps spezialisiert, dem eine verdauungsfördernde Wirkung nachgesagt wird. Da dieses Getränk meist in dekorative Flaschen abgefüllt wird, eignet es sich als ›gesundes‹ Mitbringsel für die Lieben zu Hause.

Lovran ⑥

Lovran (3500 Einw.) ist so etwas wie die kleine Schwester von Opatija und von diesem gerade mal sechs Kilometer entfernt. Kastanien, Pinien

Infos

TIPP

Lungomare

12 Kilometer lang ist die Strandpromenade, auf der man von Lovran bis nach Opatija lustwandeln kann, vorbei an prachtvollen Gebäuden aus der Belle Epoche. Besonders eindrucksvoll ist der schöne Spaziergang, wenn man in Lovran startet, denn dann hat man das Gefühl, geradewegs auf das Učka-Gebirge zuzulaufen, das unmittelbar hinter Opatija aufragt.

und vor allem Lorbeerbäume machen Lovran zu einem sehr grünen Badeort.

Sehenswert: Viele alte **Villen aus der Gründerzeit**, umgeben von Gärten und **Parks** mit exotischer Pflanzenpracht, gibt es in dem traditionsreichen Seebad, so zum Beispiel die prächtige Villa Frappart am Lungomare, heute eines der teuersten Hotels am Ort. Die kleine **Altstadt** oberhalb der Durchgangsstraße ist ein Gewirr von schmalen Gassen um einen Hauptplatz mit barocken Bürgerhäusern und der Pfarrkirche St. Georg aus dem 14. Jh. (im Inneren mittelalterliche Fresken). Im Haus Peršič übernachtete Kaiser Joseph II.

Umgebung: Nördlich von Lovran reicht sie bis Opatija, südlich bis Mošcenička Draga – die so genannte **Riviera von Opatija.** Gute Bademöglichkeiten in den vielen kleinen Kiesbuchten unterhalb der Küstenstraße (die meisten nur zu Fuß zu erreichen) sowie in den ehemaligen Fischerorten **Ičići**, **Ika** und **Mošćenička Draga**.

Wer die Mühe in Kauf nimmt, zu dem 173 m über dem Meer gelegenen Ort **Mošćenice** zu laufen oder zu fahren, wird nicht nur mit einem traumhaft schönen Ausblick auf die gesamte Kvarner Bucht belohnt, sondern lernt ein sehr gut erhaltenes mittelalterliches Städtchen kennen. Die äußere Häuserreihe wurde so dicht aneinander gebaut, dass sie einen regelrechten Schutzring um die Stadt bildet und der Bau einer Stadtmauer nicht mehr nötig war.

Das **Učka-Gebirge** ist ein herrliches Wandergebiet. Günstiger Ausgangspunkt für den Aufstieg zum höchsten Gipfel, den Vojak (1401 m), ist der 922 m hohe, bewaldete Poklonpass (über Veprinac zu erreichen). Wanderzeit von hier zum Aussichtsturm ca. 1,5 Stunden. Grandioser Blick über die gesamte Kvarner Bucht!

Aktivitäten: Tauchschule in der Bucht von Medveja, Yachthafen in Ičići.

Veranstaltung: Herbstliches **Maronenfest** in Lovran und in den benachbarten Ortschaften, so z. B. in Dobrec, einem oberhalb von Lovran gelegenen Dorf.

ⓘ Turistička zajednica, Trg Slobode, 51415 Lovran, Tel./Fax 051/291740.

Opatija ⑦

Um 1900 war Opatija ein internationaler Kurort des Adels und des ›Jetset‹, heute ist die Stadt (14 000 Einw.), die ihren Namen einer Benediktinerabtei (ital. abbazia) verdankt, zwar immer noch vergleichsweise elegant, doch leider zu Hochsaisonzeiten auch sehr verkehrsreich und ziemlich teuer.

Sehenswert: Man ahnt ihn noch, den einstigen Glamour, wenn man an den historischen Jugendstilhotels vorbei schlendert und durch den herrlichen **Botanischen Garten** mit seiner exotischen Pflanzenpracht spaziert. Im Park steht die neoklassizistische **Villa Angiolina**, die älteste Villa an der Riviera. In der benachbarten Villa Amalia (1884), heute das elegante **Hotel Kvarner**, stieg u. a. Kaiser Franz Joseph ab.

Umgebung: **Volosko**, kleiner Fischerort 3 km nördlich der Stadt mit sehenswerten neobarocken und klassizistischen Häuserfronten an der Hauptstraße.

Aktivitäten: Tennis, Segelschule, Surfen, Drachenfliegen, Wandern.

Veranstaltungen: Mitte Jan. bis Mitte Feb. Karneval mit über 100 Gruppen.

ⓘ TZG Opatija, www.opatija-tourism.hr, Tel. 051/27 13 10, Fax 27 16 99. Tourismusverband der Region Kvarner, Nikole Tesle 2, 51410 Opatija, Tel. 051/ 2729 88, Fax 229 09, www.kvarner.hr, E-Mail: tzzpg-opatija@ri.tel.hr

Viele Yachten steuern den Hafen von Rabac an.

HOTEL IST
RIJEKA
1313 PU
1313 PU

Buntes Inselquartett

Cres, Lošinj, Krk und Rab – die Namen der vier großen Inseln in der Kvarner Bucht stehen für ungetrübte Ferienfreuden. Aber nicht nur Badeurlauber, auch Segler und Motorbootfahrer steuern die buchtenreichen Inseln gerne an. Egal, ob in Mali Lošinj, in Cres oder in Punat – der Hafen ist überall der Treffpunkt Nummer eins. Wo morgens die Fischer ihre Boote entladen, kommt abends der Tagesfang frisch auf die Teller – in einem der zahlreichen Lokale, die die Uferpromenaden nach Einbruch der Dunkelheit in ein einziges großes Straßenrestaurant verwandeln.

Im Hafen von Mali Lošinj ist Platz für Fischkutter und Segelyachten.

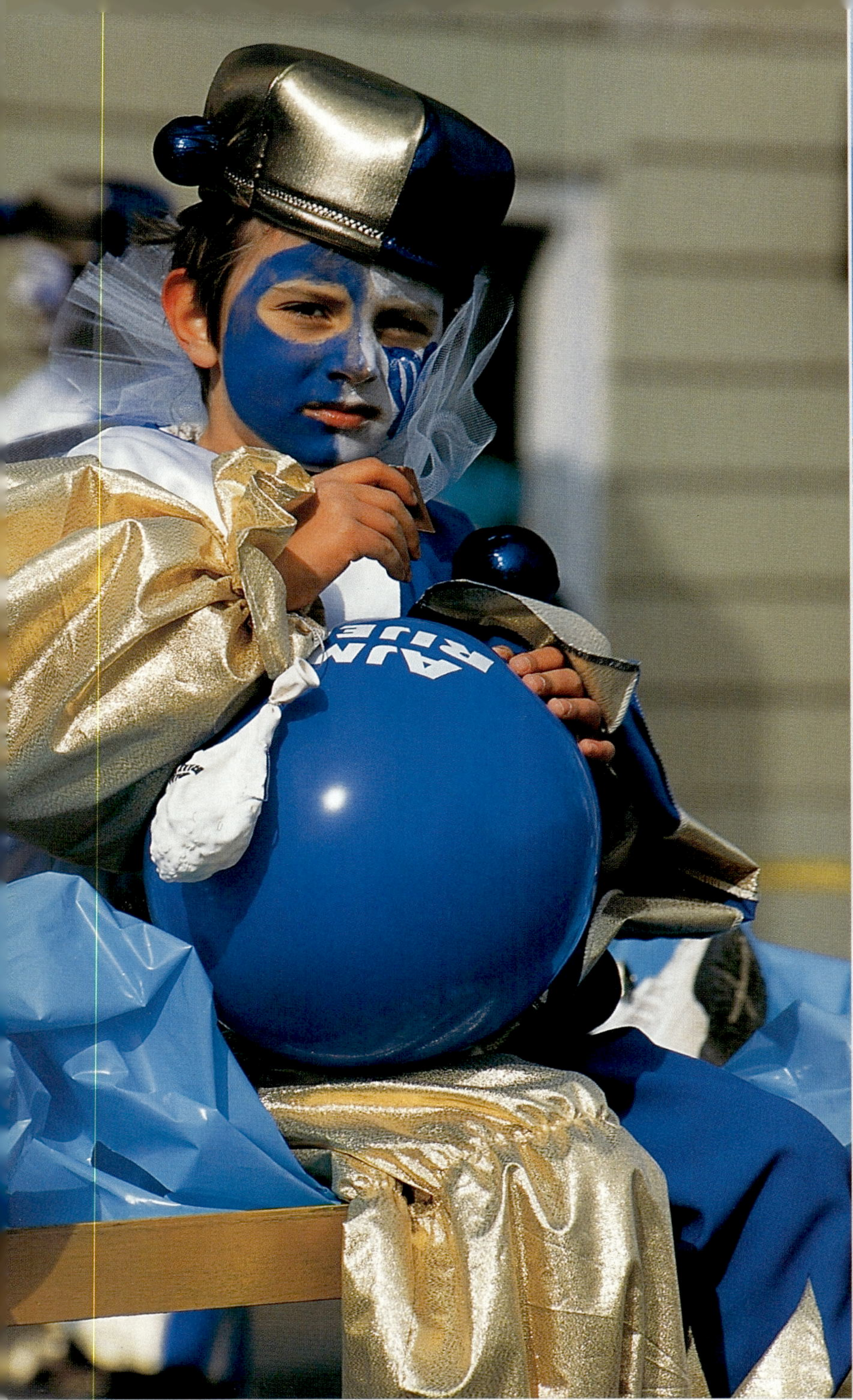

▲ Früh übt sich beim Karneval in Rijeka

▼ Im Museum der Stadt Rijeka

▼ Der Korzo, Rijekas Haupteinkaufsstraße

▲ Blick vom Kastell Trsat auf den Hafen von Rijeka

▲ Klassizistischer Giebel am Theater von Rijeka

▼ Lustig geht's zu beim Karneval

Saubere Strände? Klares Wasser? Keine Frage an der kroatischen Adriaküste. Wer dem bloßen Augenschein nicht traut, kann es gerne auch wissenschaftlich geprüft haben: Gleich 22 Strände und Yachthäfen erhielten von der Jury der Environmental Education in Europe (FEEE) die ›Europäische Blaue Flagge‹. Eine Auszeichnung, mit der sich natürlich jeder Badeort gerne schmückt, ist sie doch ein Garant für eine umweltfreundliche, sichere und saubere Urlaubsregion. Die Kriterien, nach denen das blaue Banner vergeben wird, sind sehr streng. Bewertet werden u. a. die Wasserqualität, die Ausstattung der Marinas, die Sicherheitsvorkehrungen für die Gäste und die Erhaltungsmaßnahmen für die vielseitige Tier- und Pflanzenwelt. Wer einmal die begehrte Flagge hissen durfte, kann sich jedoch nicht auf seinen Lorbeeren ausruhen, denn alle zwölf Monate wird neu geprüft. Bereits zum dritten Mal in Folge erhielten Crikvenica und Baška auf der Insel Krk die begehrte Auszeichnung. Auch in der Marina Punat, der ACY Marina Opatija und der ACY Marina Cres weht die blaue Flagge.

›Fürchte nichts‹

Verwegene, ungehobelte und kampflustige Haudegen sollen sie gewesen sein, die Uskoken (Uskoken = Flüchtlinge), eine kleine Gruppe, aus circa 1000 serbischen und kroatischen Bauern zusammengewürfelt, die im 16. Jh. vor einfallenden Osmanen in den Norden des Landes flüchteten, genauer gesagt in die Stadt Senj. Dort errichteten sie eine trutzige Burg in Form eines riesigen Würfels, die sie nach ihrem Lebensmotto ›Fürchte nichts‹ (Nehaj) tauften. Zumindest den Konflikt mit den Osmanen fürchteten sie nicht im Mindesten, und nachdem Venedig 1540 mit diesen Frieden geschlossen hatte, gehörte auch die venezianische Flotte zu ihren Feinden.

Die Unerschrockenheit der Uskoken bekamen vor allem die Seeleute zu spüren, denn sie überfielen venezianische und türkische Schiffe, raubten sie aus und störten so permanent den florierenden Handel – sehr zum Ärger der Venezianer und mit Billigung der Habsburger. Die Lage spitzte sich zu. Zwischen Österreich und Venedig kam es 1615 wegen der Seeräuberei der Us-

▲ Beliebter Skipper-Treffpunkt: der Hafen von Mali Lošinj

▲ Abends schnell belegt: die Restaurants in Mali Lošinj

▼ Am Hauptplatz von Nerezine

▲ Freiluftgalerien

koken zu einem Krieg, den man nach zwei Jahren mit einem Friedensvertrag beendete. Österreich verpflichtete sich, die unerschrockenen Kämpfer ins Landesinnere, in das nach ihnen benannte ›Uskoken-Gebirge‹ (Gorjanci) umzusiedeln, wo sie keine Gefahr mehr darstellten. In Vergessenheit gerieten sie dennoch nicht, wurden sie doch zum Synonym für den slawischen Widerstand gegen Fremdherrschaft.

▼ *Sonniges Anlegeplätzchen: die Artaturi-Bucht auf Mali Lošinj*

SPECIAL

Nie ohne Trikolore

Die Kroaten lieben ihre Trikolore und zeigen sie auch gerne. So wird nicht nur an Feiertagen die Fahne an allen öffentlichen Gebäuden gehisst, sie ist auch bei jedem großen Familienfest wie Taufe, runden Geburtstagen oder Hochzeiten wehend vertreten. Den wenigen, die keine Lust haben, rot-weiß-blaue Farbe zu bekennen, hilft ein Gesetz weiter, in dem vorgeschrieben wird, dass jede Fabrik, jeder Laden und jedes noch so kleine Geschäft in seinen Räumlichkeiten die Fahne aufgehängt haben muss – deutlich sichtbar, auch das ist per Gesetz festgelegt! Der Stolz, die eigene Fahne zu zeigen, hat nicht nur etwas mit dem starken Nationalbewusstsein zu tun, er ist vermutlich auch eng verbunden mit den Kämpfen und Unterdrückungen, die die Kroaten hinnehmen mussten, bis sie endlich eigene ›Flagge‹ zeigen konnten. Auf die Farben Rot, Blau, Weiß fiel die Wahl vor etwas mehr als 150 Jahren, als Banus Jelačić bei seiner Amtsübernahme 1848 eine Tracht in diesen Farben trug. Wer genau hinsieht, dem fällt ein interessantes Detail auf, ein Wappen mit einem rot-weißen Schachbrettmuster in der Mitte der Fahne. Über diesem Muster sieht man kleine Schilde. Sie zeigen das älteste bekannte Wappen Kroatiens, das der früheren Republik Ragusa (Dubrovnik), das Symbol von Dalmatien, das durch gekrönte Leopardenköpfe dargestellt wird, das Wappentier Istriens, die Ziege, und das Wahrzeichen Slawoniens, den Marder mit Stern.

Wintersport mit Meeresblick

Dass die Kvarner-Riviera im Sommer ein abwechslungsreiches Programm bietet, ist hinreichend bekannt. Weniger bekannt

▲ Stadtbummel durch Krk

▼ Franziskanerkloster in Porat

▼ Heimatmuseum von Vrbnik auf Krk

▲ Traumstrand bei Baška auf Krk

▼ Im Hafen von Baška

allerdings ist, dass sich im Gebirge Gorski kotar (1534 m), knapp eine Autostunde von Rijeka entfernt, empfehlenswerte Skigebiete befinden. So wartet beispielsweise das 1111 m hoch gelegene und knapp 30 km von Rijeka entfernte Skigebiet Platak mit über 9 km Skipiste auf. Fünf Schlepplifte und ein Sessellift bringen die Skifahrer den Berg hinauf. Das größte Wintersportzentrum Kroatiens, das Kroatische Olympiadorf, liegt am südöstlichen Hang des Berges Bjelolasica, unterhalb des höchsten Gipfels des Gebirges Gorski kotar. Mit 800 m Höhenunterschied, Langlaufloipen, einer Snowboard-Schule, Verleih von Skiausrüstungen, 6 km Pisten und insgesamt 6 Skiliften ist diese Region nicht nur ein beliebter Treffpunkt bei den einheimischen Wintersportlern, hier wird auch jedes Jahr im Februar das Friedensmemorial in Mrkopalj, eine Veranstaltung nordischer Disziplinen, abgehalten.

Unter Geiern

Steinadler, Graufalken, Streifenadler, Falkeneulen, Bartgeier, Schlangenadler, Auerhähne oder Waldohreulen – im Kvarner-Gebiet schlägt das Herz eines jeden Ornithologen höher, denn hier, in den eigens geschaffenen Vogelreservaten, nisten 30 der europaweit als bedroht geltenden Vogelarten. Doch der Höhepunkt für jeden Vogelfreund ist der Anblick des sehr selten gewordenen, geschützten Gänsegeiers (Gyps fulvus), der wegen seiner typischen Kopffarbe auch als Weißkopfgeier bezeichnet wird. Dieses majestätische Tier bringt es auf die stolze Flügelspannweite von bis zu 3 m und kann daher stundenlang in der Luft segeln, ohne auch nur einen einzigen Flügelschlag tun zu müssen.

Die Chancen, einen dieser prächtigen ›Artisten‹ in seinem Element, in der Luft, zu erleben, ist an einigen Stellen besonders groß. Dazu gehören die Bucht der hl. Eufemia auf der Insel Rab, Baška auf der Insel Krk sowie Merag, Orlec und Koromačno auf der Insel Cres. Auf Cres hat man das Tier sogar zum Wahrzeichen der Insel gekrönt. Rund 70 Gänsegeier-Paare, so schätzen Beobachter des Ornithologischen Institutes der Kroatischen Akademie der Künste und Wissenschaften in Zagreb, nisten an den fast senkrecht ins Meer fallen-

▲ Kunst unter freiem Himmel: Bronzeskulpturen in Osor

▲ Cres liegt in einer geschützten Bucht

▼ Vorbereitung für den nächsten Fang

◄ Valun

▼ Alter Wehrturm in Cres

▼ Im Hafen von Cres

▲ Lubenice auf Cres

den Felsen der Kvarner Inseln. Im Rahmen von organisierten Wanderungen kann man sich der Vogelwelt nähern.

SPECIAL

Kuna und Marder

Was haben der Marder und die kroatische Währung gemeinsam? Um diese Frage zu klären, wird das Rad der Geschichte zurückgedreht. Im 11. Jh., also zur Zeit der venezianischen Herrschaft in Kroatien, mussten alle Einwohner des besetzten Landes, so auch die der Orte Cres und Beli, Venedig eine festgelegte Jahressteuer zahlen. Da es damals üblich war, Rechnungen in Naturalien zu begleichen, beschlossen die Inselbewohner, die jährlichen Steuerschulden durch Ablieferung von getrockneten Fellen des Weißen Marders (Martes fiona), einem damals auf der Insel weit verbreiteten Raubtier, zu begleichen. Dieses Tier, das übrigens auch heute noch zusammen mit dem Edelmarder hier anzutreffen ist, heißt auf Kroatisch ›Kuna‹. Die Venezianer willigten in diese Zahlungsform ein – nicht zuletzt, weil sie die begehrten Felle als Zierde für die prunkvollen Gewänder der Dogen brauchen konnten. Cres musste von nun an pro Jahr 40 Marderhäute oder Kuna abliefern, das kleinere Beli wurde nicht so geschröpft, hier waren es nur 15 Stück. So wurde die Kuna ein offizielles Zahlungsmittel. Heute ist sie das wieder, allerdings in Form von Geldscheinen und Münzen.

Adoptiveltern gesucht

Vor der Küste der Insel Lošinj lebt die letzte Delfinart der Adria, der Große Tümmler (Tursiops truncatus). Fischernetze, Schnellboote, Jet-Skier und ein in den 1990er-Jahren grassierender Virus haben den Meeressäugern schwer zugesetzt, so dass deren Bestand, der vor zehn Jahren noch circa 300 Stück zählte, derzeit auf etwa 220 Tiere geschrumpft ist. Um zu verhindern, dass diese freundlichen Wasserartisten nicht das gleiche Schicksal erleiden wie die Mediterrane Mönchsrobbe, die leider ausgestorben ist, wurden mehrere Projekte zur Rettung der Adria-Delfine ins Leben gerufen. Eines davon ist die Aktion ›Adria-Projekt‹ des Tethys Research Institute in Mailand, das für sein Engagement

▲ Volkskundemuseum auf Košljun ▼ Aussichtspunkt auf Rab ► Rab und seine Kirchtürme

sogar den europäischen Preis für Umweltschutz erhielt. Um Touristen und Einheimische gleichermaßen für die Problematik zu sensibilisieren, wird jedes Jahr am 4. August der ›Tag der Delfine‹ mit informativen Ausstellungen, Kinderspielen, Open Air-Konzerten und Work-Shops in Veli Lošinj (auf der Insel Lošinj) gefeiert. Das wirklich Besondere jedoch an dieser Veranstaltung ist, dass jeder Besucher einen Delfin ›adoptieren‹ kann und damit die weitere Forschungsarbeit des ›Adria-Projektes‹ unterstützt. Die Adoptiveltern zahlen einen bestimmten Jahresbeitrag, erhalten eine offizielle Adoptionsurkunde, ein Foto ihres ›Adoptivkindes‹ und einmal im Jahr ein Informationsmagazin, das ausführlich über die Forschungsarbeit, aber auch über das Leben der Delfine informiert.

SPECIAL

Froschkönig

Eigentlich sind die Engländer berühmt für besonders skurrile und außergewöhnliche Wettrennen. Doch in einem kleinen Ort nahe der Stadt Rijeka versteht man sich auch auf diese besondere Fähigkeit. Lokve heißt der Ort, in dem unter reger Beteiligung der Bevölkerung jedes Jahr am 28. April eine ›Froschnacht‹ mit einem Frosch-Wettspringen veranstaltet wird – 2002 zum 28. Mal. Die Spielregeln sind einfach: Jeder Froschbesitzer darf einen grünen Springer in das Rennen schicken. Der Frosch, der am weitesten springt, hat gewonnen, und sein ›Herrchen‹ wird Froschkönig. Während die Spannung unter den ehrgeizigen Froschtrainern mit dem Startschuss ins Unermessliche steigt, löst der Wettbewerb bei den anfeuernden Zuschauern eher Heiterkeit aus. Denn: Die ›Teilnehmer‹ machen oft nicht unbedingt das, was von ihnen erwartet wird. Manche bleiben einfach sitzen, andere wiederum leiden unter einer gewissen Orientierungslosigkeit und springen zwar weit, aber dafür in die falsche Richtung. Nach dem Wettbewerb wird bei einem reichlichen Essen gefeiert. Allerdings ist der Blick auf die Speisekarte nichts für zart besaitete Seelen und Tierschützer, denn die Spezialität des Abends ist – wer hätte es geahnt – Froschschenkel!

RIJEKA
Opatija
Lovran
Riječki
zaljev
Bakar
Kraljevica
Crikvenica
Novi Vinodolski
Vinodol
Velika Kapela
OGULIN
KRK
Krk
Punat
Baška
Vrbnik
Omišalj
Malinska
Njivice
Senj
Vratnik
Senjsko bilo
Podgorje
Velebitski kanal
Park prirode Velebit
Jablanac
Karlobag
Zavratnica
CRES
Cres
Valun
Osor
LOŠINJ
Mali Lošinj
Veli Lošinj
Nerezine
UNIJE
SUSAK
ILOVIK
SILBA
OLIB
PREMUDA
MAUN
PAG
Pag
Novalja
RAB
Rab
Lopar
Kampor
Supetarska Draga
Barbat na Rabu
PRVIĆ
Sv. Grgur
Goli
Plavnik
Kvarner
Kvarnerić
Vela vrata
Srednja vrata
Senjska vrata
Velebitski kanal
Paški kanal
Pohlipski kanal
Jadranska magistrala
1
2
3
4
5
6
7
44
74
Maßstab 1:375.000
0
6 km

Rijeka ①

Die drittgrößte Stadt Kroatiens (165 000 Einw.) ist das wirtschaftliche Zentrum der Kvarner Bucht und die Hauptstadt der Verwaltungsregion Primorsko-Goranska. Aus einer illyrischen Siedlung entstanden, blickt die Stadt auf eine bewegte Geschichte zurück. Im 7. Jh. fiel sie den Kroaten zu und gehörte vom 9. bis zum 12. Jh. zum kroatischen Königreich. Um 1600 bauten die damaligen Herrscher, die Habsburger, den 1509 von den Venezianern zerstörten Ort wieder auf. Zu großer Bedeutung kam die Stadt, als sie durch Kaiser Karl VI. 1719 zum Freihafen erklärt wurde. Das 19. Jh. brachte Rijeka einen immensen wirtschaftlichen Aufschwung, der Handel mit Holz, der Schiffs- und Maschinenbau blühten auf, der Hafen expandierte. 1919 brachte der italienische Schriftsteller Gabriele d'Annunzio mit seinen Freischärlertruppen die Stadt mit einem Handstreich unter seine Herrschaft und rief den Freistaat Fiume aus. 1924 von Mussolini annektiert, gehörte die Stadt ab 1947 völkerrechtlich zu Jugoslawien.

TIPP

Schnäppchen gefällig?

Alte Möbel, Bilder, ausgediente Telefonkarten, echtes Silber, Briefmarken- und Münzsammlungen so weit das Auge reicht – die Rede ist von der Antiquitätenmesse in Rijeka, zu der sich Liebhaber und Sammler jeden dritten Samstag im Februar, April, Juni, September und November, jeweils 9.00 bis 16.00 Uhr, treffen. Informationen unter Tel. 051/219124 oder 335882.

Sehenswert: Die Hauptsehenswürdigkeiten sind in der Altstadt und um den autofreien **Korzo**, der Hauptgeschäftsstraße, zu finden. Das **Stadttor** (Gradski toranj), durch welches man in die Altstadt gelangt, ist das Wahrzeichen der Stadt. Die Uhr auf dem Tor, das den Habsburger Doppeladler mit der Jahreszahl 1695 zeigt, wurde 1784 in Auftrag gegeben, verriet schon zur Weltausstellung in Wien (1873) die Zeit und funktioniert auch heute noch. Vor dem Tor befindet sich der **Korzo** mit seinen vielen Juweliergeschäften. Die spätbarocke Kirche **Sv. Jeronimo** nahe dem **Platz der Republik** (Trg Republike) ist der bauliche Rest des Augustinerklosters von 1315, das sich hier befand. Die kleine Renaissance-Kapelle **Sv. Sebastijana** (1562) ist wegen ihres Gewölbes und ihrer Fresken sehenswert. Das **Seefahrts- und Geschichtsmuseum** (Pomorski i povijesni muzej, Muzejski trg 1, Di.–Sa. 9.00–13.00 Uhr), im Neorenaissancestil erbaut und im Stadtpark Vladimira Nazora oberhalb der Altstadt gelegen, gibt Auskunft über die Seefahrts- und Wirtschaftsgeschichte der Stadt. Das **Stadtmuseum** (Muzej grada Rijeke) gleich daneben (Musjski trg 1/1, Di.–Sa. 9.00–13.00 Uhr) widmet sich der neueren Stadtgeschichte von Rijeka. Die **Universitätsbibliothek** (Sveučilišna knjižnica, Dolac 1) zeigt u. a. eine Dauerausstellung zur glagolitischen Schrift. Das **Nationaltheater** Ivan Zajc (Hrvatsko narodno kazalište, Blagajna), von den Wiener Architekten Fellner und Helmer erbaut und 1885 eröffnet, schmückten die Brüder Gustav und Ernst Klimt mit einem Deckengemälde. Seinen Beinamen erhielt es von Ivan Zajc, dem ›kroatischen Verdi‹.

Umgebung: Auf 500 Stufen steigt man zum Ortsteil **Trsat** zur etwa 700 Jahre alten Wallfahrtskirche Gospa Trsatske (›Hl. Maria von Loreto‹ oder auch ›Muttergottes von Trsat‹ genannt) und zum Franziskanerkloster (1468) hinauf. Von dem mittelalterlichen, 378 m hoch gelegenen Ort **Kastav** (1000 Einw.), der berühmt ist für sein Weinfest ›Bijela nedelja‹ am ersten Sonntag im Oktober, hat man bei klarer Sicht einen schönen Blick auf die Inseln Krk und Cres. Auf dem Hauptplatz steht eine Zisterne, auf der eine Inschrift daran erinnert, dass 1666 Kapitän Franco Morelli von den Einwohnern in eben diese Zisterne geworfen wurde, weil er von ihnen zu hohe Steuern gefordert hatte.
Bakar, an der fjordähnlichen Bucht Bakaski Zaliv gelegen, wird von Industrieanlagen und einer Erdölraffinerie dominiert. In der Umgebung des Ortes werden die Trauben für den ›Bakarska Vodica‹ angebaut, einen leichten Perlwein. Unter dem 1530 von den Frankopanen erbauten palastartigen Kastell liegt die Pfarrkirche St. Andreas (1830), in der u. a. glagolitische Inschriften zu sehen sind.

Veranstaltungen: ›Internationaler Karneval‹ (Mitte Jan.–Mitte Feb.) mit über 1000 Masken, ›Jazz-Time‹ (April).

ⓘ TZO Užarska 14, 51000 Rijeka, Tel. 051/33 58 82, Fax 214706.

Crikvenica ②

Die Hauptattraktion von Crikvenica (6500 Einw.), einem der beliebtesten Badeorte in der Kvarner Bucht, ist sein 2 km langer Strand, an dem man plantschen, Beachvolleyball spielen oder sich einfach nur sonnen kann. Abends trifft man sich auf der hübschen, von Palmen und Pinien begleiteten Strandpromenade.

Sehenswert: Unübersehbar ist direkt am Ufer das **Kastell Frankopan**, wie der Name schon sagt, als Festung gebaut, später aber als Kloster, Lazarett und Kinderheim, heute als Hotel genutzt. Dem barock umgebauten Kirchlein daneben verdankt der Ferienort seinen Namen: Crkva bedeutet soviel wie Kirche.

Umgebung: Einheimische Feriengäste zieht es vor allem in das malerisch an einen Hügel geschmiegte **Novi Vinodolski**. Die Zahl der Privatunterkünfte und Ferienwohnungen ist dementsprechend groß. In der Burg von Novi Vinodolski wurde 1288 in glagolitischer Schrift das ›Gesetz von Vinodol‹ verabschiedet, mit dem die frankopanischen Feudalherren ihre Beziehungen zu den Leibeigenen regelten.

Aktivitäten: Sandstrände mit großem Wassersportangebot, Tauchzentrum, Reiten, Segeln.

ⓘ TZG Crikvenica, Trg S. Radića 1, 51 260 Crikvenica, Tel. 051/24 10 51.

Senj ③

Der Charme von Senj (5000 Einw.) ist spröde, doch wer sich davon nicht abschrecken lässt, kann ein ungeschminktes historisches Städtchen mit verwinkelten Gassen, vielen alten Gebäuden und ein paar angenehmen Plätzen entdecken.

Sehenswert: Auf einer Anhöhe über Senj thront die **Festung Nehaj**. Erbauer der Trutzburg aus dem 16. Jh. waren die Uskoken, die von hier aus ihren Kampf gegen Venezianer und Osmanen führten. Ein Museum in der Burg versucht, etwas Licht in das Dunkel um die Uskoken zu bringen (Mai bis Okt. tgl. 9.00–14.00, Juli und Aug. auch 18.00–21.00 Uhr). Schöne Aussicht über die Küstenlandschaft.

ⓘ Stara cesta 4, 53270 Senj, Tel. 053/88 10 68, Fax 88 12 19.

Insel Krk ④

Seit 1980 ist die größte Adriainsel (410 km², 15 000 Einw.) durch die 1310 m lange, mautpflichtige Brücke (Krički most) mit dem Festland verbunden und dadurch noch schneller erreichbar. Zu Krks Besonderheiten gehört vor allem die abwechslungsreiche Landschaft, die von kahlem Gebirge (höchste Erhebung im Süden: Obzova, 569 m) bis hin zu fruchtbaren Flusstälern reicht. Die bereits in der Jungsteinzeit besiedelte Insel wurde von Römern, Byzantinern, Kroaten, 300 Jahre lang von den Venezianern, gefolgt von den Frankopanen, wieder von den Venezianern (1480–1797) und schließlich von Österreich (bis 1919) regiert.

Ort Krk: Im Süden von Krk liegt die gleichnamige, vor 2000 Jahren von den Römern gegründete Hauptstadt (3000 Einw.), zugleich der

Mit einem eleganten Bogen schwingt sich die Brücke vom Festland zur Insel Krk

Hafen. Gut erhalten ist die **autofreie Altstadt** mit **Festungsmauern** (hauptsächlich 15. Jh.), einem **Kaštel** aus dem 12./13. Jh. und drei noch erhaltenen Wachtürmen – der älteste aus dem Jahr 1191. Der im 5./6. Jh. begonnene romanische **Dom Sv. Marija** ist das bedeutendste Bauwerk der Stadt. Sein heutiges Aussehen geht vor allem auf Umbauten im 13. und 14. Jh. sowie Erweiterungen in der Barockzeit zurück. Verbunden mit dem Dom ist die ebenfalls romanische Kirche **Sv. Kvirin**, in der die ältesten Wandmalereien der Insel zu sehen sind. Direkt neben der Kathedrale befindet sich das **Diözesanmuseum** (Sommer: tgl. 9.30 – 13.00 und 20.30 – 21.30 Uhr). Am Platz **Vela Placa** gibt es zahlreiche Straßencafés und Geschäfte.

Vrbnik: Malerisch auf einem 50 m hohen Felshügel an der Ostküste liegender, sehr hübscher mittelalterlicher Ort, bekannt für seinen Weißwein (Vrbnička žlahtina), den man vor Ort probieren sollte, und die **Bibliothek des Dinko Vitezič Vrbničanin**, einer Sammlung von 15 000 Bänden, u. a. mit glagolitischen Handschriften aus dem 14./15. Jh. (geöffnet auf Anfrage, Tel. 051/85 70 08).

Baška liegt in einer Bucht am südöstlichen Ende der Insel, umgeben von einer fruchtbaren Ebene und einem Kranz kahler Berge. Nicht nur die Lage des Hafenstädtchens ist zauberhaft, auch der über 2 km lange Kiesstrand rechtfertigt die Fahrt hierher. Oberhalb des hübschen Städtchens steht die frühromanische Kirche Sv. Ivan. Sehenswert sind auch die Pfarrkirche Sv. Trojice wegen ihrer alten Gemälde sowie das kleine Heimatmuseum.

Punat: Größter **Segelhafen** der kroatischen Adria, Marina mit 800 Liegeplätzen. Im alten Kern des gut besuchten Ortes steht die **Dreifaltigkeitspfarrkirche** (1773), am Ortsrand eine **Olivenmühle** aus dem 18. Jahrhundert.

Aktivitäten: Zahlreiche Wassersportmöglichkeiten, markierte Wanderwege, Beach-Volleyball, Tel. 051/85 68 17.

Veranstaltung: Krker Sommerfestival (Juli).

Umgebung: Košljun: 6,5 ha große, unter Naturschutz stehende Klosterinsel, die seit dem 15. Jh. von Franziskanern bewohnt wird. Besichtigen kann man die Marienkirche mit wertvollem Marien-Polyptychon (1535). Im Volkskundlichen Museum (tgl. 9.30 – 11.30, 14.30 – 16.30 Uhr) wird u. a. die Krker Volkstracht gezeigt. In der Klosterbibliothek, die rund 30 000 Bücher ihr Eigen nennt, kann man glagolitische Schriften bewundern. Bootstaxi von Punat (Fahrtdauer 15 Minuten, Tel. 051/85 4016).

ⓘ TZG, Vela Placa 1, Tel./Fax 051/22 14 14, E-Mail: tz-otoka-krka@ri.tel.hr

Insel Cres ⑤

Die 40 km² große, steinige Insel (5000 Einw.) wurde fast 750 Jahre von den Venezianern beherrscht. Durch einen nur 9 m schmalen Kanal bei dem Dorf Osor ist sie von der Insel Lošinj getrennt. Mit etwas Glück sieht man hier noch den seltenen weißköpfigen Gänsegeier. Alle Delfine um den Archipel stehen ebenfalls unter besonderem Schutz. Der Süßwassersee von Vrana (Vransko jezero), ein ornithologisches Naturschutzgebiet und das Trinkwasserreservoir der Insel, liegt 13 m über der Meeresoberfläche, reicht aber bis zu 60 m unter den Meeresspiegel.

Ort Cres: Romantisch präsentiert sich die kleine, **autofreie Altstadt** (3000 Einw.) mit ihren verwinkelten Gässchen und in Pastelltönen gehaltenen Häuserfronten. Von der mittelalterlichen Stadtbefestigung, die sich in der Form eines Fünfecks um die Stadt legte, sind Teile der Mauer sowie das Bragandia- und das Marcella-Tor (beide 16. Jh.) erhalten. Am belebtesten zeigt sich Cres um das **Hafenbecken** Mandrac mit der Stadtloggia, dem Uhrturm und zahlreichen Straßencafés, von denen aus man die Szenerie auf sich wirken lassen kann. Nahe dem **Hafenplatz** liegt die **Isidor-Kirche** (12. Jh.). Das **Stadtmuseum** (tgl. 9.00 – 11.00, 19.00 – 22.00 Uhr) im spätgotischen Palast Arsan-Petris zeigt u. a. archäologische Funde der Region.

Aktivitäten: Felsstrand mit FKK-Abschnitt, Windsurfen, Tauchen, Segelbootverleih in der Marina, Tel. 051/57 16 22.

Veranstaltungen: Stadtfest (5.–7. August), Sommerfestival im Juli/August.

Valun: Unbedingt einen Ausflug wert ist dieser autofreie, von Olivenbäumen und Obstbaumwiesen umgebene Fischerort (70 Einw.) mit kleinem Hafenplatz, an dem Skipper gerne vor Anker gehen. Die schlichte Marienkirche birgt den kostbarsten Fund der Insel, eine Steinplatte (11. Jh.) mit glagolitischer Schrift, die so genannte ›Tafel von Valun‹. Neben der Tafel von Baška ist sie das älteste kroatische Schriftdenkmal. Zum Baden im türkisblauen Meer laden die zahlreichen Badestrände am Ufer der Creser Bucht ein.

TIPP

Schweißtreibend

Zugegeben, etwas ins Schwitzen gerät man schon, wenn man den 588 m hohen Gipfel des Berges Televrin erklimmt, aber der Panoramablick von der höchsten Erhebung der Insel Lošinj belohnt mehr als reichlich für jeden vergossenen Schweißtropfen – Lošinj, Krk, Cres, Rab, Silba und Pag liegen in Puppenstubengröße zu Füßen. Besonders lohnend ist die Wanderung nach einer Bora, dann ist die Luft klar und der Blick reicht bis nach Istrien! Zwei Stunden sollte man für den Aufstieg einplanen. Festes Schuhwerk und Getränke im Gepäck sind absolute Pflicht, unabhängig von der Jahreszeit! Jahrhundertelang diente der steinige, heute weiß-rot markierte Wanderweg, der am oberen Ortsteil von Nerezine beginnt und sich in zahlreichen Kurven den Berg hochschraubt, als Wallfahrtsweg zur 557 m hoch gelegenen Kapelle Sveti Nikola, die dem Schutzheiligen der Seeleute und Wanderer geweiht ist. Heute steht für die meisten Gipfelstürmer weniger die Frömmigkeit im Vordergrund als die schon erwähnte atemberaubende Aussicht!

Infos

Lubenice: Winziges Bergdorf, knapp 5 km südlich von Valun, in traumhafter Lage auf steilen Felsen oberhalb der Küste.

Osor: Kaum vorzustellen, aber unter römischer Herrschaft war der kleine, autofreie Ort (100 Einw.) an der Drehbrücke zwischen Cres und Lošinj ein wichtiger Hafen mit 20000 Einwohnern und Sitz der Marine von Ravenna. Neben Zisterne, Bischofspalast und Rathaus bildet der mächtige Dom (15. Jh.) am Hauptplatz heute eine gelungene Kulisse für die Sommerkonzerte.

ⓘ TZO, Cons 11, 51557 Cres, Tel./Fax 051/ 571535, www.multilink.hr/cres

Insel Lošinj 6

Auch die 75 km² große Insel Lošinj (8500 Einw.) ist ein viel besuchtes Touristenziel – nicht zuletzt wegen ihrer herrlichen Felsbadestrände, ihrer subtropischen Vegetation und einem Klima ohne winterliche Minusgrade.

Mali Lošinj: Größte Inselstadt (5200 Einw.), am Ende einer 5 km langen, fjordähnlichen Bucht geschützt gelegen, zieht vor allem Segler an. Rings um den belebten **Hafenplatz** mit pastellfarbenen Häusern reihen sich Cafés, Souvenirläden und Restaurants aneinander. Von der Kirche **St. Marija** (1676) aus genießt man eine schöne Aussicht auf das Meer. Die meisten Hotels und die ›Hausstrände‹ von Mali Lošinj liegen auf der **Halbinsel Čikat**. Mit ihren herrlichen Badebuchten gehört sie zu den anziehendsten Gebieten der Insel. Im Schatten von hundertjährigen Kiefern stehen prächtige alte Villen.

Veli Lošinj: Mit seinen verwinkelten Gässchen ist der zweitgrößte, aber doch um einiges ruhigere Ort auf Lošinj einen Spaziergang wert. Bezaubernd ist schon seine **Lage** an bewaldeten Hängen um den Hafen in der Pernaščica-Bucht. Wie in Mali Lošinj konzentriert sich das Leben auf den schmalen Streifen zwischen den Häusern am Hafenbecken und den Bootsanlegeplätzen. Abends ist die **Hafenpromenade** ein einziges Freilichtlokal, da alle Restaurants ihre Tische draußen aufstellen. Überragt wird die Hafenszenerie von der barocken Antoniuskirche. Ihre reiche Ausstattung verdankt sie den Stiftungen wohlhabender Bürger und Kapitäne. Den gegenüber aufragenden Wehrturm hatten die Bewohner im 16. Jh. zum Schutz des Hafens erbaut.

Umgebung: Insel Susak: Die knapp 4 km² große Lössinsel (190 Einw.) wird hauptsächlich von Tagesausflüglern besucht, die den Sandstrand und den berühmten Wein der Insel genießen wollen (TZG Tel. 051/239044).

ⓘ TZG Riva lošinjskih kapetana 29, 51550 Mali Lošinj, Tel./Fax 051/231547.

Steile Lage: Das Bergdorf Lubenice auf der Insel Cres

Insel Rab 7

Rab ist die vierte im Bunde der Kvarner Inseln und steht den drei anderen bezüglich ihres Beliebtheitsgrades nicht nach. Die 94 km² große Insel (8500 Einw.) mit ihrer über 2000 Jahre alten Hauptstadt lockt mit Stränden und einer großen Auswahl an Hotels- und Apartments und Campingplätzen zahlreiche Touristen an.

TOP ZIEL **Stadt Rab:** Die vier markanten Kirchtürme sind das Wahrzeichen der Altstadt von Rab, die allein schon wegen ihrer phantastischen Lage auf einer spitz zulaufenden Landzunge zu den schönsten an der gesamten Adriaküste gehört. In dem Städtchen gibt es zahlreiche Galerien und Künstlerateliers, ganz zu schweigen von den vielen Restaurants, Bars und Cafés. Wer durch die drei parallel verlaufenden Hauptgassen schlendert, wird noch einige alte **Patrizierhäuser** mit filigranen gotischen Spitzbogenfenstern und anderen architektonischen Details entdecken können. Einen Besuch verdient das Museum für Sakrale Kunst (Sommer: tgl. 9.00–11.00, 19.30 bis 21.30 Uhr) in der Kirche Sv. Justinia mit ihrem Zwiebelturm, den man besteigen kann. Fast an der Spitze der Landzunge steht der **Dom Sv. Marije** (11. Jh.), 1177 von Papst Alexander III. geweiht. Neben der dreischiffigen Kirche ragt der romanische **Glockenturm** 26 m in die Höhe – ebenfalls eine gute Aussichtsplattform (10.00–13.00, 19.30 bis 22.00 Uhr). Aber auch von der **Burg** mit Museum Sv. Krištofor und Lapidarium (tgl. 9.00–13.00, 18.00–20.00 Uhr) genießt man einen schönen Blick auf die Altstadt. Das prächtigste Gebäude am palmengesäumten **Stadtplatz** (Trg Municipium Arba) ist der ehemalige **Rektorenpalast** (Knežev dvor) mit seinen spätgotischen Fenstern und einem kleinen, auf Löwenköpfen ruhenden Balkon.

Aktivitäten: Tennis, Minigolf, Tauchschule, Segeln, Surfen, Wasserskischule, Motorbootverleih in der ACI-Marina, Tel. 051/724023.

ⓘ TZG, Donja ulica 2, 51280 Rab, Tel./Fax 051/724064, www.multilink.hr/rab

TIPP

Blumenparadies

Die Insel Ilovik wird wegen ihrer üppigen Blütenpracht auch ›Blumeninsel‹ genannt. Während der Sommermonate ist dieses idyllische Eiland (im Sommer 160 Einw., im Winter fast unbewohnt) ein Publikumsmagnet sowohl für Tagestouristen, die mit der Fähre von Mali Lošinj kommen, als auch von Seglern, die am Dampfersteg oder an Bojen festmachen. In der beliebten Gostionica Rozmari (Gasthaus Rosmarie) bekommt man neben einheimischen Speisen auf Wunsch auch amerikanische Spezialitäten, da viele Ilovikaner nach Amerika ausgewandert sind und ihren Urlaub in der alten Heimat verbringen.

Romantische Szenerie: Die Hafenbucht von Veli Lošinj

Ab in die Natur!

Die dalmatinische Küste zwischen der Kvarner Bucht und Split gehört nicht zu den Besuchermagneten dieser Reiseregion. Eigentlich nicht so ganz verständlich, denn vor allem an Natursehenswürdigkeiten ist hier wahrlich kein Mangel. Die im Hinterland versteckten Plitwitzer Seen sind zwar das bekannteste Naturspektakel, das der dalmatinische Karst zu bieten hat, doch auch die vielen vorgelagerten Inseln – Gipfel eines versunkenen Gebirges –, die Schluchten im Paklenica-Nationalpark oder die Krka-Wasserfälle verdienen mehr als nur einen Abstecher.

Wie für Abenteuer- und Wildwestfilme geschaffen: die Plitwitzer Seen

▲ Zadar: Ehemaliges römisches Forum ...

▲ Dom Sv. Stošija

▼ Rundkirche Sv. Donat ...

▼ ... und Straßenpflaster mit Geschichte

▼ Markt in Zadar

▼ *... und Seetor in Zadar*

Von den über 1000 Inseln, die Kroatien zählt, steht die 60 km lange und 285 km² große, waldlose Insel Pag sicherlich nicht auf der Sonnenseite des touristischen Lebens. Mit Schuld daran ist die kalte Bora, die oft gnadenlos über die felsige Insel pfeift und die Vegetation im wahrsten Sinn des Wortes ›im Keim‹ erstickt. Eine gespenstische, bisweilen faszinierende, bisweilen befremdende Landschaft, hie und da dorniges Gestrüpp oder etwas Oregano, Thymian und Salbei. Oleander und Hibiskus, Zypressen, Palmen und andere exotische Pflanzen gibt es anderswo, aber nicht auf Pag.

Etwa 7000 Menschen leben auf der spartanischen Insel und vermutlich nochmal so viele Schafe. Die genügsamen Tiere weiden zwischen den niedrigen Steinmäuerchen. Aus ihrer Milch wird eine Spezialität hergestellt, der Pager Käse (Paški sir), ein herzhafter, lange gereifter Schafskäse, der inzwischen in ganz Kroatien zu einem Begriff geworden ist. An einigen Stellen der Insel ist es den Pagern sogar gelungen, Weinreben zu pflanzen, aus deren Trauben – wenn auch in kleineren Mengen – die Weißweine Žutica und Gegič entstehen, einfache, leichte, ausgesprochen schmackhafte Tafelweine. Eine weitere Attraktion für Touristen auf Souvenirsuche sind die Pager Spitzen, kleine, nach überlieferten Mustern filigran geklöppelte Decken. Diese sehr mühsame Handwerkskunst beherrschen jedoch nur noch einige ältere Inselbewohnerinnen.

Alles im Fluss

Winnetou und Sportlern aus über 15 Ländern ist der Nationalpark Plitwitzer Seen (Plitvička jezera) wohl bekannt. Der eine kämpfte in dieser wilden, atemberaubend schönen Landschaft vor der Kamera, denn viele Karl-May-Filme wurden hier gedreht. Die anderen kämpfen hier jedes Jahr beim legendären Marathon von Plitvice im Juni um Medaillen. Legendär deshalb, weil er der einzige Marathon ist, der in einem Nationalpark stattfindet.

Die Entstehungsgeschichte dieser ungewöhnlichen Landschaft ist ebenso verblüffend wie einfach. Die insgesamt 16 kleineren und größeren Seen des Parks, die eine Gesamtlänge von immerhin 8 km bean-

▲ Nationalpark Plitwitzer Seen ▼ Nationalpark Paklenica: Starigrad und Kletterer ▶

▲ Wandern in der Felsschlucht ...

▼ ... oder immer am Wasser entlang

spruchen, werden von unzähligen Bächen und Flüssen versorgt, die dem 1100 m hohen karstigen Gebirgszug Mala Kapela entspringen. Doch sie bringen nicht nur Wasser mit, sondern auch Kalk. Dieser lagert sich in dem jeweiligen Flussbett an Ästen, Steinen oder Laub ab. Auf diese Weise bekommen die natürlichen Staudämme bis zu 3 cm Zuwachs pro Jahr. Das hat zur Folge, dass der Spiegel der 16 Seen immer mehr ansteigt, bis das Wasser irgendwann die alten Wälle durchbricht und sich neue Wege sucht. In kleineren oder größeren Wasserfällen ergießt es sich dann bis zu 76m tief in das nächste Wasserbecken. Dort, wo gestern noch ein begehbarer Weg war, plätschert heute ein Wasserfall oder ein kleiner Bach – ganz wörtlich genommen ist hier in der Natur alles im Fluss.

SPECIAL

Winnetou lässt grüßen

Old Shatterhand und sein treuer Freund Winnetou reiten durch die Prärien des amerikanischen Westens – so glaubt zumindest der Kino- bzw. Fernsehzuschauer. Tatsächlich suchten sie den ›Schatz im Silbersee‹ im dalmatinischen Karst, vor allem im Nationalpark Plitwitzer Seen, wo der erste europäische Western der Nachkriegszeit 1962 gedreht wurde. Die eindrucksvolle Landschaftskulisse hat sicher auch ihren Teil dazu beigetragen, dass die Karl-May-Verfilmung der erfolgreichste Streifen des Jahres 1962 war!

Seglerträume

›Am letzten Schöpfungstag wollte Gott sein Werk krönen, und so schuf er aus Tränen, Sternen und Atem die Kornaten‹ heißt es über die Entstehung der Kornaten (›Zerstreute Inseln‹), einem Labyrinth aus 147 Inseln, die sich wie eine Perlenkette aneinander reihen. Die meisten sind nicht dauerhaft bewohnt, viele besitzen aber einen kleinen Hafen. Zu dem über 310 km² großen Gebiet gehören u. a. die Inseln Žut, Levrnaka, Kurba Vela und Kornat.

Etwas fundierter erklären Geologen die Entstehung dieses Inselarchipels. Das Festland, das die Kroatische Adria einrahmt, sank innerhalb von 1000 Jahren knapp einen Meter ab. Das Meer überflutete sofort

▲ Šibenik: Platz hinter dem Dom mit Loggia

▲ Grimmige Gesellen: Porträts am Dom

▼ Blick über die Altstadtdächer

▼ Nahe gelegener Badeort: Primošten

▲ Meisterwerk der Renaissance: der Dom von Šibenik

das gesunkene Land. Dies erklärt auch, warum viele Häuserruinen der römischen Epoche jetzt nur noch unter Wasser zu besichtigen sind. Apropos Römer: Zu ihren Zeiten waren die Kornaten noch dicht bewaldet. Die Römer benötigten jedoch dringend Holz für den Bau ihrer Flotte und rodeten wahllos und ungezügelt.

Etwas später hießen die Holzräuber Venezianer. Sie benötigten das Holz nicht nur für den Schiffsbau, sondern auch für die vielen Tausend Pfähle, auf denen die Stadt

SPECIAL

Erfinderische Kroaten

Wer glaubt, der Zeppelin sei eine Erfindung der Deutschen, irrt gründlich. Denn die Pläne für das berühmte lenkbare Luftschiff wurden von dem Kroaten David Schwartz (1852–1897) aus Zagreb gezeichnet. Nach seinem Tod verkaufte seine Witwe sie an Ferdinand Zeppelin, der das Luftschiff dann nicht nur danach baute, sondern ihm auch seinen Namen gab. Ebenfalls aus Zagreb stammte Eduard Penkala, der 1906 den Kugelschreiber erfand. Und noch ein Alltagsgegenstand, den wir dem Erfindungsreichtum eines Kroaten verdanken: die Krawatte. Schon der Name liefert einen Hinweis darauf, denn das Wort ›Krawatte‹ leitet sich von ›Kroate‹ ab. Eingeführt wurde die Männerhalsbinde von kroatischen Soldaten, die in französischen Diensten standen. Die Franzosen sorgten dann dafür, dass die Krawatte auch im zivilen Bereich unverzichtbar wurde. Andrija Mohorovičić, 1857 in Volosko geboren, entdeckte auf Grund seiner langjährigen seismologischen Aufzeichnungen, dass die Erde von einer Rinde umgeben ist, die er in verschiedene Schichten einteilte. Zu Ehren seiner bahnbrechenden Entdeckung wird die oberste, d. h. die als erste entdeckte Schicht ›Mohorovičić-Schicht‹ genannt. Ivan Vučetić von der Insel Hvar studierte etwas anderes sehr ausgiebig, nämlich Fingerabdrücke, um dann eine Methode zu entwickeln, mit der man eine Person anhand dieser identifizieren kann – die Daktyloskopie. Bei diesen vielen Erfindungen ist es eigentlich unerheblich, ob der berühmte Seefahrer Marco Polo – wie die Kroaten behaupten – auf Korčula oder – wie man aus Italien hört – in Venedig geboren wurde.

▲ Kloster Tkon auf der Insel Pašman

▲ Insel Pag: Fischfang ...

▼ ... und Schafe sind der Reichtum der Insel

▼ Und noch eine felsige Insel: Dugi Otok

Von der Sonne verwöhnt

Hvar schlägt sie alle, die anderen Inseln Dalmatiens, zumindest was die Sonnenstunden anbetrifft – immerhin 2700 im Jahr! Doch auch sonst geizt die zauberhafte Insel, auf der das milde Klima Lavendel, Oliven und Weintrauben gedeihen lässt, nicht mit Vorzügen. Das muss sie auch, wenn sie mit dem gegenüberliegenden Festland konkurrieren will. Dort locken rund 60 Kilometer traumhafte Strände an der Makarska-Riviera oder so interessante Städte wie Trogir und das von der Residenz Kaiser Diokletians geprägte Split.

Im Sommer herrscht Hochbetrieb im Hafenbecken von Hvar, der Hauptstadt der gleichnamigen Insel.

▲ Fünfmal Split: Sonnenplatz an der Uferpromenade ▼ Im Innenhof des Diokletianpalastes ... ► ... trifft man sich zum Kaffee

▲ Sphinx vor dem Jupitertempel ▼ Gotischer Palast in der Altstadt

Man schreibt das dritte Jahrhundert vor Christus. Um das Jahr 240 wird in Salona, nahe dem heutigen Split, dem politischen Zentrum der römischen Besitzungen in Dalmatien, ein Knabe namens Diocles geboren. Die einfachen Verhältnisse, aus denen er stammt und unter denen er sehr leidet – sein Vater ist Sklave und arbeitet als Schreiber –, machen aus ihm einen ehrgeizigen jungen Mann. Er beschließt, die Soldatenlaufbahn einzuschlagen. Zielstrebig arbeitet er sich hoch und erklimmt Stufe um Stufe die Erfolgsleiter.

Im Jahre 284 erreicht der Emporkömmling den Höhepunkt seiner Karriere: Er wird nach dem plötzlichen Tod von Kaiser Numerianus Herrscher von Rom. Ein neuer Name muss her, um der Würde dieses Amtes gerecht zu werden: Gaius Aurelius Valerius Diokletianus – das klingt gut! Damit auf seinen glorreichen Aufstieg kein

SPECIAL

Wo man singt ...

Die Mündung der Cetina, 25 km südöstlich der heutigen Stadt Split, erschien den Römern als günstiger Ort, um eine Siedlung namens Omaeum zu gründen. Im Mittelalter war die Ansiedlung mehr berüchtigt als berühmt, denn von hier aus brachen die an der ganzen Küste gefürchteten Piraten zu ihren Raubzügen auf. Heute gibt es keinen Grund mehr, die Bewohner von Omiš zu fürchten – im Gegenteil, sie gelten als ausgesprochen gastfreundlich. Besonders deutlich wird dies beim alljährlichen ›Klapa-Festival‹, das im Juli gefeiert wird und der Stadt viele Besucher beschert. Klapa ist eine bestimmte Form des Chorsingens, allerdings eine, die es nur in Dalmatien gibt. Die Klapa-Stücke sind immer mehrstimmig, und sie werden a capella, d. h. ohne Instrumentenbegleitung, gesungen. In Omiš messen sich die besten dalmatinischen Klapa-Chöre in einem Wettbewerb. Und obwohl fast alle Chormitglieder Laien sind, klingen die melancholischen Volkslieder, die sie unter den alten Platanen auf dem Marktplatz von Omiš zum Besten geben, so wunderschön, dass es den Zuhörern Schauer über den Rücken jagt – trotz warmer Sommernacht!

▲ Trogir: Mittelalterliches Domportal ...

▲ Blick auf die Stadt vom Kanal aus

▼ ... und Gloriette

▼ Das ›Wohnzimmer‹ von Trogir: die zentrale Piazza

▼ Eingang von der Meerseite: das Seetor

schneller Fall folgt, macht Diokletian einen geschickten Schachzug. Er ernennt – per Gesetz – seinen Nachfolger und legt den Termin für die ›Wachablösung‹ fest. Und auch für die Zeit nach seinem Ausscheiden aus dem höchsten Staatsamt sorgt Diokletian vor, indem er sich einen seinem Amt angemessenen Altersruhesitz bauen lässt. Es liegt nahe, dieses Vorhaben nahe seiner Heimat Salona, im heutigen Split, zu realisieren.

Die Fertigstellung des Palastes nimmt zehn ganze Jahre in Anspruch. Groß soll das Domizil sein: 215 m lang, 180 m breit und eine Gesamtfläche von ca. 30000 m² soll es haben. Nicht nur der Kaiser und seine Familie, auch die Ehrengarde, seine Dienerschaft, die Wachen, ja selbst ein Mausoleum und etliche Tempel müssen darin Platz finden. Die kaiserlichen Gemächer liegen an der zum Meer offenen Südseite des Palastes, und das nicht ohne Grund: So können die großen Schiffe direkt an der Palastmauer anlegen, und der gebrechliche Kaiser kann von seinen Privaträumen aus an Bord gehen. Zehn Jahre sind ihm noch vergönnt in seinem prunkvollen Wohnsitz, bevor er im Alter von 76 Jahren stirbt.

Mehr als nur ein Strand

Für die einen, nämlich die Urlauber, ist das Goldene Horn (Zlatni rat) der schönste Badestrand der gesamten kroatischen Küste, für die anderen, die Einheimischen der Insel Brač, ist diese Halbinsel, die wie eine lange Nase circa 500 m ins Meer ragt, in erster Linie eine Art Wetterstation. Denn hier findet ein Naturschauspiel statt, das an der gesamten Adria einmalig ist. Je nach vorherrschender Windrichtung und Strömung krümmt sich die sandige Spitze der Halbinsel entweder nach Westen oder nach Osten. Für den erfahrenen Fischer genügt ein kurzer Blick auf die Nasenspitze der Halbinsel, um zu wissen, ob sich heute ein Fischzug auf dem offenen Meer lohnt oder nicht.

Die Beobachtung dieses Naturphänomens ist allerdings nur während der Vor- und Nachsaison möglich, denn zur Hauptreisezeit ist der Blick auf die Halbinsel verstellt – von den vielen Sonnenhungrigen, für die das Goldene Horn der schönste Badestrand weit und breit ist ...

▲ *Insel Brač: Weinberge*

▼ *Souvenirs: Für alle Bedürfnisse etwas*

▲ *Uferpromenade von Supetar auf Brač*

▼ *Das Dominikanerkloster in Bol*

▲ Der berühmteste Strand auf Brač: Zlatni rat

▼ Supetar: Petrinović-Mausoleum

Capri in Dalmatien

Langsam setzt sich das kleine Ausflugsboot in Bewegung und nimmt Kurs auf die 5,8 km² große Insel Biševo, fünf Seemeilen von Vis entfernt. Das Eiland ist mit wilder Macchia überwuchert und duftet betörend nach Lavendel, Rosmarin und Wacholder. Doch die neugierigen Touristen kommen nicht deshalb hierher, auch nicht wegen der herrlichen einsamen Badebuchten oder des köstlichen Weins, dessen Reben auf kleinen Flächen bestens gedeihen.

Sie alle wollen nur eines sehen, nämlich die 1884 erschlossene Modra špilja (Blaue Grotte) in der Bucht Balun, von der Kenner behaupten, sie sei wesentlich schöner als ihre berühmte italienische Namensgeberin. Ein Besuch der Grotte, die nur vom Wasser aus erreicht werden kann, ist während der Mittagszeit und bei ruhiger See zu empfehlen, denn dann brechen sich die Sonnenstrahlen im Wasser, und alles in der Grotte leuchtet in unbeschreiblich schönen Silber- und Blautönen. Das Ausflugsprogramm beinhaltet meist auch noch die Besichtigung einer weiteren Inselhöhle, der Medvidina špilja (Mönchsrobbenhöhle), die wesentlich größer ist als die Blaue Grotte und früher der im Mittelmeer ausgestorbenen Mönchsrobbe Unterschlupf bot. Der Anblick der imposanten Tropfsteine entschädigt wenigstens etwas für das Ausbleiben des possierlichen Meeresbewohners.

Was für ein Theater!

Im Jahr 1420 herrschten auf der Insel Lesina, dem heutigen Hvar, die Venezianer. Dank dem florierenden Handel mit ätherischen Ölen, den die Venezianer nicht ganz uneigennützig förderten, gelangte das Eiland schnell zu großem Reichtum und galt damals als die reichste Gemeinde Dalmatiens. Die Zutaten für die begehrten Öle lieferten Heilpflanzen wie Lavendel, Thymian oder Salbei.

Wegen der exponierten Lage der Insel bot es sich ferner an, dass alle Handelsschiffe, die von oder nach Venedig unterwegs waren, hier anlegten, Ware an Bord luden und ihre Vorräte auffrischten. Diese Waren und Vorräte lagerten direkt am Hafen in dem großen Arsenal, das man zwischen 1579 und 1611 gebaut hatte. Wer viel

▲ Hvar, die sonnenverwöhnte Insel

▼ Am Hauptplatz des Städtchens Hvar

▼ Und abends: Essen unter freiem Himmel

▼ Alter, kleiner Hafenort: Stari Grad

▲ *Subtropisch: die Pflanzenwelt auf Hvar*

Geld besitzt, möchte sich auch gerne mit den schönen Dingen des Lebens umgeben. Deshalb beschlossen die reichen Inselbewohner, den Vorschlag ihres Bürgermeisters anzunehmen und stimmten 1612, ein Jahr nach der Fertigstellung des Arsenals, dem Bau eines Stadttheaters im Obergeschoss des Arsenals zu. Es war das erste Stadttheater in Europa! Theater hat auf Hvar eine sehr lange Tradition. Bereits die Griechen führten hier Theaterstücke auf, damals allerdings noch unter freiem Himmel. Berühmte kroatische Dramatiker und Dichter wie Hannibal Lucić kamen von der Insel. Auch heute noch lieben die Hvarer

SPECIAL

Ausdrucksstark

Kein anderer kroatischer Künstler seiner Generation wurde bereits zu Lebzeiten so verehrt wie der Bildhauer Ivan Meštrović. Der 1883 in Otavice nahe Šibenik Geborene fühlte sich schon früh zur Kunst hingezogen und studierte von 1901 bis 1906 an der Wiener Akademie der Schönen Künste Bildhauerei – zu einer Zeit, als der noch junge Secessionsstil gerade die Kunstszene wachgerüttelt hatte. Nach abgeschlossenem Studium zog Meštrović in die ›Stadt der Künste‹, nach Paris, wo sich kurz nach 1900 die europäische Avantgarde versammelt hatte. Zurück in seiner Heimat, ließ er sich zu Beginn der 1920er-Jahre in Zagreb nieder und nahm dort an der Kunstakademie seine Lehrtätigkeit auf. 1947 emigrierte der Künstler in die USA, wo er 1962 verstarb. Auch heute noch ist Meštrović in Kroatien in vielen Orten präsent, am eindrucksvollsten wohl in Split, wo er sich in den 1930er-Jahren nach eigenen Entwürfen eine Sommervilla hatte bauen lassen, in der heute ein Querschnitt seines Schaffens präsentiert wird. Ausgehend von seinem großen Vorbild Rodin über den Secessionsstil und den Expressionismus entwickelte Meštrović einen eigenen, sehr stark auf Monumentalität und Formenreduktion setzenden Stil. Seine großfigurigen Skulpturen sind kraftvoll, allerdings oft mit schwulstigem Pathos überfrachtet, seine Porträts und Frauenakte dagegen vermögen auch den heutigen Betrachter noch in ihren Bann zu ziehen.

▲ Das milde Klima macht's möglich: Sogar Palmen gedeihen ...

▶ ... an der Makarska-Riviera

▲ Wassersport wird groß geschrieben

▼ Zwischen hohe Felsen gezwängt: Omiš

die Schauspielkunst und vor allem ihr kleines Theater mit seinen prächtigen, im späten 18. Jh. eingebauten Logen, das jeden Krieg und jeden neuen Herrscher mit Bravour überlebt hat. Eine Zeit lang häufig gespielt wurde die Komödie ›Schäferspiele‹, bei der sich die männlichen Theatergäste mit einer Dame ihrer Wahl – die wohlgemerkt nicht immer mit der werten Gattin identisch war – in ein schummriges Séparée begeben konnten – bis das Stück vom Theaterspielplan gestrichen wurde. Die Gründe für diese Entscheidung wurden nicht genannt, aber daran, dass das Stück zu wenig einspielte, konnte es nicht gelegen haben, denn die Komödianten traten stets vor ausverkauftem Haus auf!

Honigsüßer Exportschlager

Wie ein Schwalbennest klebt das Kloster Blaca an einer Felswand auf der Hochebene Vidova Gora der Insel Brač. Völlig einsam liegt es inmitten einer bizarren Felslandschaft, umgeben von wild wuchernder Macchia, nur per pedes zu erreichen. Und genau diesen einsamen Ort suchten sich glagolitisch predigende Mönche als Zufluchtsstätte aus. Sie mussten vor den Türken vom Festland fliehen, denen die Verbreitung des kroatischen Kulturgutes und das Predigen in Altkirchenslawisch ein Dorn im Auge war. 1588 erbauten die Einsiedler eine Kirche und gründeten das Kloster. Ackerbau und Viehzucht lieferten ihnen das tägliche Brot. Eine eigene Handpresse ermöglichte das Drucken der benötigten Gebetsbücher.

Das 19. Jh. bescherte den Klosterbewohnern Wohlstand und – in Maßen – sogar Reichtum, denn der Mönch Don Milićević der Ältere stellte einen ausgezeichneten Honig her, mit dem ein florierender Exporthandel sogar bis nach Deutschland und Österreich betrieben werden konnte. Don Milićević der Jüngere, der damals das größte Fernrohr des Landes sein Eigen nennen durfte, wurde ein landesweit bekannter Astronom. Sein fundiertes Wissen bezog er unter anderem aus den unzähligen Büchern der klostereigenen Bibliothek, die bis heute noch existiert.

Das Kloster wurde 1963 aufgegeben und beherbergt heute ein sehenswertes Museum.

74
Maßstab 1:375.000
0
6 km
104
SPLIT
Trogir
Kaštelanski zaljev
Kozjak
Mosor
BIOKOVO
Park prirode
MAKARSKA
Makarska - Riviera
Omiš
Sinj
Imotsko polje
ČIOVO
Splitski kanal
Brački kanal
BRAČ
Vidova gora
Bol
Supetar
ŠOLTA
Hvarski kanal
HVAR
Stari Grad
Jelsa
Hvar
Pakleni otoci
Ščedrovski kanal
Šćedro
Korčulanski kanal
Viški kanal
VIS
Komiža
Biševo
Biševski kanal
KORČULA
Vela Luka
Blato
Pelješki kanal
Orebić
1
2
3
4
5
6
7

Infos

Trogir 1

Hübsche mittelalterliche Städtchen gibt es viele an der kroatischen Küste, doch mit Trogir (8500 Einw.) können es nur wenige aufnehmen. Die kleine, vollständig erhaltene Stadt 25 km westlich von Split ist mit ihrem herrlichen Dom, den gotischen Palästen und den alten Klöstern im Grunde ein einziges großes Museum und wurde deshalb 1997 zum Weltkulturerbe der Unesco erhoben.

Sehenswert: Man betritt die auf einer Insel im Kanal von Trogir gelegene Altstadt durch das **Landtor** (Kopnena vrata). Auf dem Hauptplatz, dem **Trg Ivan Pavla II.** (Johannes-Paul-II.-Platz), steht das Wahrzeichen der Stadt, die Kathedrale **Sv. Lovro** (1123–1610) mit ihrem romanischen Westportal (1240), ein beeindruckendes Werk des einheimischen Künstlers Radovan. Am linken Kirchenschiff befindet sich die Kapelle (1468–1497) des Giovanni Orsini. Ebenfalls am Platz (Nr. 6) sticht der prächtige venezianische **Čipiko-Palast** (Čipico palača, 15. Jh.) ins Auge. In und um die steinerne **Loggia** an der Stadtmauer (Obala bana Berislavića) preisen Fischer täglich ihre Waren an. In der Gradska ulica (Burggasse) liegt der Eingang zu dem **Kloster Sv. Nikola**, einem 1064 gegründeten Benediktinerkloster mit romantischem Innenhof und einem kleinen, aber sehenswerten Museum (im Sommer 8.00–11.00, 15.00–18.00 Uhr). Besonders beeindruckend ist ein Marmorrelief aus dem ersten vorchristlichen Jahrhundert. Dargestellt ist Kairos, der jugendliche Gott der günstigen Gelegenheit, mit dem sprichwörtlichen Schopf, an dem die Menschen ihn packen sollten, wenn er an ihnen vorbei eilt.

Umgebung: Auf der 15 km langen und 3,5 m breiten **Insel Čiovo**, durch eine Brücke mit Trogir verbunden, starben früher Leprakranke und Aussätzige. Heute warten hier unzählige Pensionen auf zahlende Gäste. In Arbanija, direkt am Meer gelegen, steht das gotische Kloster der Dominikaner, Sv. Križ (15. Jh.) mit prächtigem Kreuzgang und gotischem Kruzifix.

Zwischen Trogir und Split verläuft die ›**Straße der Kastelle**‹ (Kaštela). Von den ehemals 20 sind heute nur noch sieben erhalten, wie z. B. das Kaštel Štafilić (1508), das Kaštel Lukšić mit großem Zypressenhain und das Kaštel Gomilica, einst für Benediktinerinnen aus Split auf einem fast viereckig geformten Felsen erbaut (TZG Kaštela, Dvorac Vitturi, Brce 1, 21215 Kastel Lukšić, Tel. 021/ 22 83 55, Fax 22 79 33).

Veranstaltungen: Von Juli bis August finden die Trogir-Wochen (Trogirski tjedni) statt, eine bunte Mischung aus Kunstausstellungen, Folklore, Theater und Live-Konzerten.

ⓘ TZG Trogir, Obala bana Berislavića 12, 21220 Trogir, Tel./Fax 021/88 14 12.

An der Uferpromenade von Supetar auf Brač

Split 2

Wer sich vom Land her Split (200 000 Einw.), der größten Stadt Dalmatiens und dem wichtigsten Industriehafen des Landes, nähert, sollte sich nicht von den unschönen Hochhausvierteln abschrecken lassen. Denn die 1700 Jahre alte Stadt besitzt eine einmalige Sehenswürdigkeit, den Diokletianspalast, den sich der römische Kaiser Diokletian als Altersruhesitz errichten ließ und der von der Unesco zum Weltkulturerbe erklärt wurde.

> **TIPP**
>
> ### Unter freiem Himmel
>
> Ein Tipp für Filmfans und laue Sommernächte: Das Freilichtkino (Put Firula 2) im Spliter Ortsteil Bačvice zeigt während der Sommermonate oft ausländische Filme in Originalfassung mit kroatischen Untertiteln.

Diokletianpalast: Die Altstadt von Split entstand gewissermaßen über den Ruinen des rund 31000 m² großen **Diokletianpalastes** (Dioklecijanova palača) mit seinen 18 m hohen Mauern, der zwischen 295 und 305 n. Chr. am Meer errichtet wurde und ein Rechteck von 215 m Länge und 180 m Breite bildet. Direkt beim **Goldenen Tor** (Zlatna vrata oder Porta Aurea), dem Nordeingang und früheren Haupttor, steht die monumentale Plastik von Ivan Meštrović, die Bischof Gregor von Nin zeigt. Die meisten Besucher erreichen den Palast allerdings durch das **Bronzetor** im Süden (Mjedena vrata, Porta Aenea), das nur noch ruinenhaft erhalten ist. Von dort aus geht man zum Zentrum der Palastanlage, dem **Peristyl**, einem riesigen, von Säulengängen umgebenen Hof, der im Sommer zahlreichen Veranstaltungen eine Kulisse mit viel Atmosphäre bietet. In östlicher Richtung liegt das ehemalige Mausoleum des Kaisers, das im 7. Jh. zur achteckigen **Katedrala Sv. Duje** (Kraj Sv. Duje 5) umgebaut wurde. Durch das romanische hölzerne Portal betritt man das Innere der Kathedrale mit ihrem spätmittelalterlichen Chorgestühl, dem Anastasius-Altar im Renaissancestil und zwei übereinander gestellten Säulenreihen mit Reliefries. Vom 57 m hohen **Glockenturm** (13.–17. Jh., Juni–Aug. tgl. 8.00–20.00, sonst 8.00–12.00, 16.00–18.00 Uhr) genießt man einen herrlichen Rundblick auf die Dächer der Altstadt. Im Innenraum des ehemaligen römischen Jupitertempels, der heutigen **Taufkapelle** (7. Jh.) Sv. Ivan Krstitelj steht die Bronzestatue ›Johannes der Täufer‹, ebenfalls ein Werk von Ivan Meštrović. Vom **Vestibül**, der früheren Empfangshalle des Kaisers, sind heute nur noch Reste erhalten. Der spätgotische **Papalić-Palast** (Papalićeva 1) beherbergt das Museum der Stadt Split (Muzej Grada Splita, Mo.–Sa. 9.00–13.00, Do. 9.00–19.00 Uhr). Das große **Silberne Tor** (Srebrna vrata, Porta Argentea) macht den Weg frei zum bunten Obst- und Gemüsemarkt, der fast täglich an der Außenmauer abgehalten wird.

Weitere Sehenswürdigkeiten: Durch das **Eiserne Tor** (Željezna vrata, Porta Ferrea) gelangt man von dem Palast auf den Narodni trg, beliebter Treffpunkt der Einheimischen. Im dortigen Rathaus (15. Jh.) ist das **Ethnografische Museum** (Di.–Fr. 10.00–12.00, 17.00–20.00, Mo. 10.00–12.00, Sa. und So. 10.00–13.00 Uhr) untergebracht. Westlich der mittelalterlichen Stadterweiterung Novi Grad lädt die Einkaufsmeile **Marmontova** mit ihren schmucken Gebäuden aus der Gründerzeit und der Markthalle zu einem Bummel ein. Sie endet bei der venezianischen Festungsmauer, nahe dem Kroatischen Nationaltheater (1893, Trg Gaje Bulata 1). Im **Archäologischen Museum** (Arheološki muzej, Zrinsko-Frankopanska 25, Di.–Sa. 9.00 bis 13.00, So. 10.00–12.00, im Sommer 16.00 bis 19.00 Uhr) interessante Funde zur Stadt. Sehen und Gesehenwerden ist das Motto auf der **Hafenpromenade** (Riva) mit ihren zahlreichen Lokalen und Cafés, deren Abschluss das Franziskanerkloster Sv. Frane mit seinem romanisch-gotischen Kreuzgang bildet.

Salona, einst eine wohlhabende römische Stadt

Der 178 m hohe Berg **Marjan** mit seiner üppigen mediterranen Flora und Fauna nimmt die Spitze der Halbinsel ein, auf der Split liegt, und ist ein viel besuchtes Ausflugsziel gestresster Städter, die hier Wanderwege mit schönen Aussichtspunkten, einen alten jüdischen Friedhof, einen kleinen Zoo und mehrere Kirchen vorfinden.

Umgebung: Salona: Die Ruinen der alten römischen Stadt in Solin sind frei betretbar. Im Römischen Reich verfügte der damals sehr wichtige Handelsstützpunkt über zahlreiche Tempel, sieben Thermen und sogar ein Amphitheater, in dem – wie in Pula – Seeschlachten aufgeführt wurden.

Das 360 m hoch liegende, ziemlich verfallene **Kaštel in Klis** dient heute als Freiluftbühne des ›Spliter Sommers‹ und ist ein beliebtes Ausflugsziel.

Von dem malerisch, direkt an den steilen Felshängen des Mosor-Gebirges gelegenen Städtchen **Omiš** (5 000 Einw.) mit der vorromanischen Kirche **Sv. Petar** (9. oder 10. Jh.) lohnt sich ein Abstecher in die **Schlucht des Flusses Cetina** und zum Wasserfall Velika Gubavica. ⓘ TZG Omiš, Trg kneza Miroslava bb, 21310 Omiš, Tel./Fax 021/861350. Kanu- oder Raftingtouren können unter Tel. 021/876454 gebucht werden.

Aktivitäten: Segeln, Tauchen, Mountainbike-Touren und Trimmwege im Kozjak-Gebirge, ACI Marina Split, Uvala Baluni bb, Tel. 021/355886, Fax 361310.

Veranstaltungen: Sommerfestival Split vom 14. Juli bis 14. August, internationales Festival mit Opernaufführungen, Straßentheater und Tanz (Informationen: Tel. 021/585999, www.hnk-split.hr).

ⓘ TZG, Trg Republike 2, 21000 Split, Tel. 021/355088, Fax 355358.

Makarska-Riviera 3

TOP ZIEL Makarska ist der Mittelpunkt der 60 km langen **Riviera** zwischen Brela im Norden und Gradac im Süden. Vor dem Hintergrund des bis zu 1760 m hohen Biokovo-Gebirges reihen sich Ferienorte mit üppiger Vegetation und endlosen Sand- und Kiesstränden aneinander. Überall an diesem herrlichen Küstenstreifen gibt es Badebuchten und eine hervorragende touristische Infrastruktur.

Sehenswert: In dem quirligen Badeort (13000 Einw.), der dieser Küstenregion ihren Namen gab, steht die spätbarocke Pfarrkirche **Sv. Marko** (1755 dem hl. Markus geweiht). In einem prächtigen Barockpalast befindet sich das **Stadtmuseum** (Obala kralja Tomislava 17/1, tgl. 8.00–12.00 und 18.00–19.00 Uhr). Im Franziskanerkloster ist Europas größte **Muschel- und Schneckensammlung** (Malakološki Muzej, Franjevački put 1, tgl. 11.00–12.00, 18.00–22.00 Uhr) zu sehen.

Umgebung: Von **Brela**, das wegen des weißen Kiesstrandes gerne besucht wird, gelangt man auf der Küstenstraße der Makarska-Riviera nach **Baška Voda**, das sich wegen seines türkisblauen Wassers, seiner langen Strände und einer großen Auswahl an Übernachtungsmöglichkeiten einen Namen gemacht hat. Von dem lebhaften Badeort **Tučepi** aus, südöstlich von Makarska, kann der alte Bergort **Gornji Tučepi** erwandert werden (TZG Tučepi, Kraj 46, 21325 Tučepi, Tel./Fax 021/623100).

Aktivitäten: Schwimmen, Surfen, Schnorcheln, Hochseefischen, Sportzentrum mit Fitnesshalle, Bowling und Boccia, Tauchclub Tel. 021/611727, Segeln, Yachtclub Bura, Tel. 021/6163, Bergtouren im Biokovo-Gebirge.

Veranstaltung: Juli/August: ›Makarska Sommerspiele‹.

ⓘ TZG, Obdala kralja Tomislava bb, 21300 Makarska, Tel./Fax 021/612002, 616288, E-Mail: tzg-makarska@st.tel.hr

TIPP

Für Körper und Seele

Für jedes große und kleine Wehwehchen haben die 17 Heilbäder Kroatiens passende Kuren zu bieten, bei denen nicht nur medizinische Anwendungen verabreicht werden, sondern auch die Seele nicht zu kurz kommt. Für die Rehabilitation des Knochengewebes und Beschwerden des Bewegungsapparates hat sich das Institut für Thalassotherapie in Šibenik weit über die Landesgrenzen einen guten Namen gemacht. Die gesundheitsfördernde Zauberkraft liegt hier in dem Heilschlamm, der beste bezüglich seiner Inhaltsstoffe und deren Zusammensetzung der gesamten Adriaküste – wissenschaftliche Analysen belegen das. Die Klinik Biokovka an der Makarska-Riviera bietet neben Thalassotherapie zwei beheizte Meerwasserbecken (26–36 °C). Weitere empfehlenswerte, gut ausgestattete und moderne Gesundheitszentren gibt es in Vela Luka, Veli Lošinj (v. a. für Kinder) und Opatija. Und wem Thalassotherapie oder Ähnliches nicht so schnell helfen sollte, dessen Seele profitiert von dem stabilen mediterranen Klima, von den vielen Sonnenstunden und vom Anblick der schönen Landschaft.

Insel Brač 4

Die 395 km² große, bergige Insel (14000 Einw.) lebt seit der Antike vom Marmorabbau und heute hauptsächlich vom Tourismus.

Bol: Der Ferienort ist berühmt für seinen Badestrand (auch FKK), das **Goldene Horn** (Zlatni rat), eine rund einen halben Kilometer ins Meer ragende sandige Landzunge mit Kiesstrand. Direkt vor dem Ort liegt das **Dominikaner-Kloster** (Dominikanski samostan, 15. Jh.), das besichtigt werden kann. Man kann auch im Kloster übernachten (Tel. 021/635288, Fax 65120). Empfehlenswert ist auch der Ausflug zum **Felsenkloster Blaca** (Samostan Blaca) mit Museum (Mai–Okt. 9.00–17.30 Uhr. Mo. geschlossen).

Milna: Der windgeschützte Hafenort, im 17. Jh. gegründet, ist mit seiner großen, sehr gut ausgestatteten Marina und einem ausgezeichneten Restaurant ein beliebter Anlaufpunkt vieler Skipper.

Mediterrane Pflanzenpracht auf der Insel Hvar

TIPP

Zweifacher Lohn

778 Meter sind keine Höhe für einen Berg, wohl aber für einen Aufstieg, der auf Meereshöhe beginnt! Wer die schweißtreibende, circa drei Stunden dauernde Wanderung (feste Wanderschuhe!) auf den Berg Vidova Gora auf Brač dennoch auf sich nimmt, wird auf dem Gipfel doppelt belohnt: Zum einen mit den wunderbaren Lammspezialitäten in der Konoba ›Vladimir Nazor‹ (geöffnet Mai–Oktober), zum zweiten mit einem herrlichen Blick auf die Inseln Hvar und Vis!

Škrip: 8 km von dem belebten Urlaubsort **Supetar** entfernt liegt **Škrip**, in dem sich das Heimatmuseum (im Sommer tgl. 10.00 bis 18.00 Uhr) von Brač befindet.

Aktivitäten: Tauchen, Segeln (Croatia Nautic Club, Tel. 021/635540), Surfen.

Veranstaltung: Im Sommer ›Fest der Fischer‹ (Ribarske fraje) mit Live-Musik und frischen Meeresspezialitäten.

ⓘ TZG, Pjazu 4, Tel. 021/635122, Fax 635638.

Insel Šolta ⑤

Die 59 km² große, 18 km lange und bis zu 5 km breite Insel (2000 Einw.), die schon zu Zeiten der Griechen und Römer besiedelt war, zieht heute vor allem erholungsbedürftige Städter aus Split und Individualurlauber an. Kulinarische Spezialitäten der Insel sind der Rotwein, der Honig sowie das dickflüssige Olivenöl. Der an vielen Stellen wachsende Rosmarin findet Verwendung in der Parfüm- und Kosmetikindustrie.

Sehenswert: **Grohote**, der größte Ort auf Šolta (1200 Einw.), sieht mit den alten Steinhäusern, deren Dächer zum Teil noch mit originalen Steinplatten bedeckt sind, noch aus wie ein traditionelles Inseldorf. Neben der Pfarrkirche mit ihrem hohen Glockenturm befindet sich der alte Friedhof mit Sarkophagen aus Stein. Die winzige Galerie im ehemaligen Wohnhaus des 1997 verstorbenen naiven Malers Eugen Buktenica-Djenko zeigt einen Ausschnitt aus seinem Schaffen.

In dem touristisch gut erschlossenen Ort **Nečujam** wohnte der kroatische Dichter und Humanist Marko Marulić (1450–1524). Ein kleines Museum in der Bungalowsiedlung erinnert an ihn. Sichere Ankerbuchten locken hier viele Segler an. Der malerische Fischerort **Stomorska** liegt an einer schönen Bucht und wird von duftender und üppig blühender Vegetation gerahmt.

Aktivitäten: FKK-Baden in einer der vielen Felsbuchten, Schnorcheln, Bootsverleih.

ⓘ TZG Šolta, 21930 Grohote, Tel. 021/654150, Fax 654130.

Insel Vis ⑥

Weit weg vom Festland liegt die 90 km² große Insel Vis (4000 Einw.), die bis 1989 militärisches Sperrgebiet war. Sie ist landschaftlich abwechslungsreich, ja ausgesprochen reizvoll, und vom Tourismus kaum berührt. Der gleichnamige Hauptort wurde 397 v. Chr. von Syrakusern gegründet. Er hieß damals Issa, hatte eine eigene Währung und ist der älteste Ort Dalmatiens.

Sehenswert: Der Hauptort **Vis** (2000 Einw.) besteht im Wesentlichen aus einer Häuserreihe mit k.u.k.-Häuserfronten sowie Palazzi aus dem 16. und 17. Jh., die direkt am Wasser der tief eingeschnittenen Bucht Viški zaljev stehen. In der Ortsmitte beherbergt das Haus Dojmi-Delupis ein Archäologisches Museum (šetalište Viškiboj 12, im Sommer Di.–So. 9.00–13.00, 17.00–19.00 Uhr) mit Fundstücken aus der illyrischer und römischer Zeit. Das kleine Franziskanerkloster (16. Jh.) auf der winzigen Halbinsel Prirovo wurde auf den Überresten eines römischen Theaters errichtet. In **Komiža** (1400 Einw.), einem beschaulichen Hafenort am Fuß des Berges Hum (wunderschöne Aussicht!), befindet sich die Klosterkirche Sv. Nicola aus dem 15. und 16. Jahrhundert. Der Uhrturm des Kastells direkt an der Palmen gesäumten Uferpromenade stammt aus dem Jahre 1585.

Aktivitäten: Baden, Tauchen beim Diving Club in Vis, Tel. 021/711311, Freeclimbing-Kurse, Bootsvermietung im Yachthafen Komiža, Paragliding-Club in Komiža, Mountainbiking.

ⓘ TZG, 21480 Vis, šetalište stare Isse 2, Tel. 021/711144, Fax 711450, www.tz-vis.hr
TZG, 21485 Komiža, Riva Sv. Mikule 1, Tel./Fax 713455.

Insel Hvar ⑦

TOP ZIEL Die 68 km lange und maximal 12 km breite Insel Hvar (12000 Einw.) verwöhnt mit einem ausgesprochen milden Klima – selbst im Winter kaum Minusgrade und übers Jahr verteilt 2700 (!) Sonnenstunden. Neben dem Tourismus spielt die Landwirtschaft eine wichtige Rolle. Angebaut werden u. a. Orangen, Zitronen, Oliven, Lavendel und Wein.

Stadt Hvar: Die zauberhafte Inselhauptstadt (4000 Einw.) sollte man, wenn möglich, von der Seeseite kennen lernen, da sich von hier ihre ganze Schönheit erschließt. Hoch über der Stadt bewacht die **Spanische Festung** (Španjol, 16. Jh.) das gut erhaltene Häuserensemble, das hauptsächlich aus dem 16. und 17. Jh. stammt. Der Hauptplatz wird eingerahmt von der dreischiffigen Basilika **Sv. Stjepan** (Pietà, 16. Jh.), dem Arsenal mit sehenswertem Theater im oberen Stockwerk und einem runden Zisternenbrunnen (1529). Auffallend sind bei einem Rundgang die prächtigen **Renaissancepaläste** und die üppige subtropische Flora in und um den Ort.

Umgebung: In **Stari Grad** (3000 Einw.) steht das Sommerhaus, Kaštel Tvrdalj (1520) des Dichters Petar Hektorović (1487–1572) mit hübschem verträumten Garten und hauseigenem Meeräschenteich (im Sommer: tgl. 10.00–13.00, 17.00–20.00 Uhr). In **Jelsa** (1800 Einw.) kann vor alter Kulisse noch beschaulich und ruhig Urlaub gemacht werden.

Aktivitäten: Segeln, Tauchen, Surfen, FKK, Tennis, Mountainbiking, Wandern.

Veranstaltungen: 16. August: Straßenfest des hl. Rochus in Stari Grad, von Gründonnerstag auf Karfreitag feierliche Prozession mit Kreuzen in Jelsa. Mediterranes Shakespeare-Festival in Hvar (10. Juli–5. September), Sommerfestival Hvar (21. Juni–30. Sept.).

ⓘ TZG, Trg Svetok Stjepana 16, 21450 Hvar, Tel./Fax 021/741059, www.hvar.hr

Das Barockschloss auf der Insel Šolta

Besuch bei der Grande Dame

Es gibt Stadtansichten, die vergisst man so schnell nicht. Der Blick vom Berg Srđ auf die Altstadt von Dubrovnik ist so eine. Beeindruckend? Das wäre untertrieben. Eher schon atemberaubend, diese Mischung aus mittelalterlicher Festung und wohl geordneter Barockstadt, vom Meer umspült und von mächtigen Mauern umgeben. Wohnhäuser und Paläste, Kirchen und Klöster – alles ist da, was zu einer ›idealen Stadt‹ gehört. Und obwohl es die Geschichte nicht immer gut meinte mit Dubrovnik, hat die ›Perle der Adria‹ bis heute ihre Faszination bewahrt.

Festung im Meer: die Altstadt von Dubrovnik vom Berg Srđ aus gesehen.

▲ Wehrmauer auf der Insel Lastovo

▼ Im Neretvadelta

▲ Die Festung von Veliki Ston ...

▲ *Auf den Inseln bleiben meist nur die alten Menschen*

▼ *... und das größere Mali Ston auf Pelješac*

▲ *Badebucht auf der Insel Lastovo*

Wer den Eindruck hat, sein Besuch in Ragusa, Verzeihung Dubrovnik, hätte ihn nach Italien geführt, liegt gar nicht mal so falsch. Denn fast italienisch mutet hier die kroatische Sprache an, auch in der Kultur und Lebensart haben sich viele italienische Elemente eingenistet. Das hat natürlich seinen Grund, und der liegt viele Jahrhunderte zurück. Im 7. Jh. ließen sich Flüchtlinge aus dem heutigen Cavtat auf einer Felsinsel namens Lausa häuslich nieder. Heute wird gemunkelt, dass wegen kleiner Schwächen in der Orthografie aus dem Ort Lausa der Name Rausa (das spätere Ragusa) wurde. Gegenüber der Stadt lag eine Ansiedlung der Slawen. Sie war durch einen Meeresarm, an dessen Stelle heute der Stradun verläuft, von Ragusa getrennt und wurde Dubrovnik genannt – nach dem Wort dubrava, das so viel wie ›Eichenhain‹ bedeutet. Da die

SPECIAL

Phoenix aus der Asche

Die Welt schaute zu und war erschüttert: Dubrovnik, Weltkulturerbe, wurde von serbisch-montenegrinischen Verbänden eingeschlossen und beschossen. Rund 2000 Granaten fielen zwischen Oktober 1991 und Juni 1992 auf die Altstadt, töteten 92 Menschen, verwüsteten Dächer und zerstörten Paläste und Wohnhäuser. Doch die Bevölkerung blieb, und die architektonischen Wunden der Stadt sind verheilt. Mit nationaler und vor allem internationaler Hilfe haben die Dubrovniker ihre Museumsstadt mustergültig wieder hergestellt – so perfekt, dass der heutige Besucher schon sehr genau hinschauen muss, um überhaupt noch Hinweise auf die einstigen Beschädigungen zu finden.

Bewohner beider Siedlungen gut miteinander auskamen, wurde im 11. Jh. der trennende Graben kurzerhand zugeschüttet. Im 12. Jh. hatten die Einwohner der inzwischen wohlhabenden Stadt von den ewigen Plünderungen durch Seeräuber und anderer wilder, ungehobelter Banden endgültig die Nase voll und bauten eine Stadtmauer um ihr Hab und Gut, die im Laufe der Jahrhunderte ständig an Stärke und Umfang zunahm. 1235 ging für die Be-

▲ Blick auf Korčula

▲ Majestätischer Eingang: das Landtor von Korčula

▲ ›Verkündigung‹ im Dom von Korčula

▼ Hafenpromenade von Vela Luka

▼ *Palais Gabrielli auf Korčula*

wohner Dubrovniks ein lang gehegter Wunsch in Erfüllung: Die Stadt bekam von den Venezianern die Erlaubnis, sich selbst verwalten zu dürfen. Ihre Blütezeit erlebte Dubrovnik im 15. und 16. Jahrhundert. Mit 200 Handelsschiffen, die auf allen Meeren segelten, konnte sich die Seerepublik sogar mit Venedig messen – was die italienische Handelsmacht natürlich gar nicht erfreute und zu einem angespannten Verhältnis zwischen den beiden Seemächten führte.

Das schwärzeste Jahr in der Geschichte von Dubrovnik war wohl 1667. In diesem Jahr gelang einem schweren Erdbeben das, was jahrhundertelang keine noch so starken Feinde vermocht hatten, nämlich die Stadt innerhalb von Sekunden dem Erdboden gleichzumachen. Annähernd 100 Jahre sollte es dauern, bis sie sich von diesem Schicksalsschlag erholt hatte, doch die alte Pracht war vorbei.

Napoleon machte Anfang des 19. Jh.s kurzen Prozess und nahm der Republik ihre Unabhängigkeit. Der Wiener Kongress legte dann fest, dass Dubrovnik zu Österreich gehören sollte. Da Habsburg aber Fiume (Rijeka) und Pola (Pula) zu seinen führenden Handels- und Marinehäfen bestimmt hatte, verlor Dubrovnik sehr schnell an Gewicht. Unbehelligt von strategischen Erwägungen oder wirtschaftlichen Interessen konnte sich die Stadt so zu einem Urlaubsziel entwickeln, das im gesamten Mittelmeerraum seinesgleichen sucht. Habsburg sei Dank!

Aufstieg und Fall einer Stadt

Im Jahr 1516 beschloss die ebenso reiche wie angesehene Familie Orebić, sich in der Trstenica-Bucht an dem 1,5 km langen Sandstrand ein trutziges Kastell erbauen zu lassen. Gleich zu gleich gesellt sich erfahrungsgemäß gerne, und so siedelten sich nach und nach in und um das Kastell weitere wohlhabende Familien an. Zu dieser Zeit verdiente in dieser Region derjenige viel Geld, der entweder ein erfolgreicher Händler, ein Reeder oder zumindest ein Kapitän war. Die Herrschaften von Orebić waren alles in einem. Händler deshalb, weil sie mit dem ›weißen Gold‹, dem Salz, das aus den Salinen der Insel stammte, Handel mit der ganzen Welt betrieben. Reeder und

▲ ... und Hauptflaniermeile Stradun

▼ *Fünfmal Dubrovnik: Großer Onofrio-Brunnen ...*

▼ *Schifffahrtsmuseum*

▲ *Kreuzgang im Dominikanerkloster*

▼ *Rolanddenkmal vor der Kirche Sv. Vlaho*

Kapitäne deshalb, weil man dank einer eigenen Segelflotte das begehrte Gewürz rings um den Globus persönlich anliefern konnte.

Ihre Blütezeit erlebte die ›Stadt der Kapitäne‹, wie Orebić heute noch genannt wird, aber erst im 18. und 19. Jahrhundert. 1865 wurde die ›Associazione Marittima di Sabioncello‹ (AMS) gegründet, die Pelješac-Seefahrtsgesellschaft, zu der neben 33 großen Hochseeyachten praktischerweise auch eine hauseigene Werft gehörte. Unvorstellbar großen Reichtum, der in Form von kostbaren Möbeln, Tafelsilber und Teppichen zum Teil heute noch in den Palästen zu bewundern ist, brachten die Kapitäne von ihren langen Seefahrten mit nach Hause. Die zurückgelassenen Damen vertrieben sich die Zeit mit dem Aussuchen von feinsten Kleiderstoffen, die sich damals nur der europäische Adel leisten konnte.

Der Wohlstand währte jedoch nicht ewig. Als die Segelschiffe durch Dampfschiffe ersetzt wurden, die wesentlich schneller und damit auch rentabler fuhren, war es mit der Blütezeit von Orebić vorbei. Als Folge dieser Umstellung musste 1891 sowohl die Reederei als auch die Werft geschlossen werden. Die prunkvollen, direkt am Meer gelegenen Kapitänshäuser dienten nun als Altersruhesitze für die ehemaligen Herrscher der Meere und ermöglichten ihnen wehmütige Blicke auf das, was ihr Leben bedeutet hatte: das große, weite Meer.

Säbel und Trommelwirbel

›Die Türken kommen!‹ Bis ins 16. Jh. hinein verbreiteten die Osmanen an der Küste Dalmatiens Angst und Schrecken. Als die Gefahr schließlich gebannt war, wurde sie in ein Gesellschaftsspiel umgemünzt – die Schwerttänze waren geboren. Moreška heißt das kämpferische Ritterspiel auf der Insel Korčula, und dort blieb es bis auf den heutigen Tag ein wichtiger Bestandteil der rege gepflegten Volkskultur. Der Spielverlauf ist schnell beschrieben: Weiße (weil gute) Ritter (in roten Kostümen) treten gegen schwarze (weil böse) Ritter (in dunkelgrünen Kostümen) an und ›kämpfen‹ miteinander. Um dem Spiel einen unterhaltsameren Charakter zu verleihen, ist der Grund dieser Auseinanderset-

Felsküste bei Dubrovnik

▲ Nationalpark Insel Mljet

▲ Weinlese auf der Insel Korčula

▼ Anlegen und an Land gehen!

zung – abweichend von der historischen Wahrheit – eine Frau. Das farbenprächtige Spektakel wird heute mit kleinen Abweichungen gespielt. So verzichtet man auf den Einsatz von echten Säbeln, dafür sind die reichlich mit Goldschnüren verzierten Kostüme, die hohen, farblich dazu passenden Stiefel und die geflochtenen Kopfbedeckungen umso prächtiger und der Trommelwirbel umso dramatischer!

SPECIAL

Dunkelrot, schwer und rar

Dalmatien, im Speziellen der Süden, ist für seinen ausgezeichneten Rotwein bekannt, von dem sich schon Kaiser Diokletian ab und zu ein Gläschen gegönnt haben soll. Der Name dieses edlen Tropfens ist Dingač, die rote Traube Plavac mali seine Ausgangsbasis. ›Mali‹ (klein) deshalb, weil bei dieser Weinspezialität die Trauben so lange am Rebstock bleiben müssen, bis sie leicht vertrocknet und damit ›mali‹ sind. Nur dann ist der für den typischen Geschmack des Weines mitverantwortliche Zuckergehalt am höchsten. Wann genau dieser Zeitpunkt erreicht ist, erfordert ein geschultes Winzerauge und viel Erfahrung. Die Halbinsel Pelješac ist die Heimat dieser Traube. Doch wer die Weinberge hier jemals gesehen hat, kann sich beim besten Willen nicht vorstellen, wie man diese überhaupt bewirtschaften kann. Denn die Reben wachsen an steilen Hängen, die mit einer Neigung von bis zu 70 % ins Meer stürzen. Um bei der Pflege und Ernte nicht abzurutschen, tragen die Winzer Steigeisen. Auch heute noch ist die Verwendung von Eseln notwendig, um die süße Last zum Weingut zu bringen. An den Einsatz moderner Traktoren ist wegen der extremen Steigung nicht zu denken. Da die kostbaren Reben dank trockener und heißer Luft nicht von Schädlingen befallen werden, können die Winzer auf den Gebrauch von Pestiziden verzichten. Die Ausbeute der Ernte ist nicht besonders ergiebig, was den etwas höheren Verkaufspreis des Weines erklärt. Ist aber auch gut so, denn besonders viel sollte man von diesem edlen Tropfen nicht genießen, da sein Alkoholgehalt zwischen 13 und 14 % liegt. Bei manchen Jahrgängen beträgt er sogar 15 %!

Maßstab 1:375.000
0
6 km
MOSTAR
Ljubuški
Čapljina
Metković
Stolac
Nevesinje
Neum
Ston
Slano
Ploče
MAKARSKA
Korčula
Trpanj
Orebić
Tučepi
Podgora
Gradac
Međugorje
Biokovo
B I O K O V O
Park prirode
Sveti Jure
R I L I Č
Vrgoračko polje
T R T L A
Ž A B A
H R G U D
Snježnica
P O P O V O P O L J E
Neretljanski kanal
Mljetski kanal
Koločepski kanal
Malostonski kanal
Malo more
Pelješki kanal
H V A R
KORČULA
PELJEŠAC
MLJET
ŠIPAN
LASTOVCI
Lastovo
Lopud
Koločep
Jakljan
Olipa
Nacionalni park Mljet
Deransko blato
Hutovo blato
90
1
2
3
4
5

Infos

Gotik und Renaissance in einem Gebäude: der Sponza-Palast in Dubrovnik

Insel Korčula ❶

Korčula (20000 Einw.) ist ebenso wie das benachbarte Hvar ein Urlaubsparadies und die winzige gleichnamige Hauptstadt der viel besuchte Mittelpunkt der 47 km langen und bis zu 8 km breiten Insel. Wegen ihrer Lage an einer wichtigen Handelsroute war Korčula in der Vergangenheit schwer umkämpft – das erklärt den dicken Mauerring um die Inselhauptstadt aus dem 13. bis 16. Jahrhundert.

Stadt Korčula: Die Stadt ist gewissermaßen eine ›Miniatur-Ausgabe‹ von Dubrovnik, aber fast ebenso reizvoll. Die gewaltige gotische Basilika **Sv. Marko** (14./15. Jh.) zeigt über dem Hochaltar ein Werk des jungen Tintoretto. Ob das angebliche ›Geburtshaus des Marco Polo‹ wirklich seinem Namen gerecht wird, bleibt bis heute umstritten. Von dem nahen Turm aus genießt man einen schönen Rundblick. Der **Palazzo Gabrielli** (16. Jh.) beherbergt das Stadtmuseum (Gradski muzej, Di.–So. 10.00–12.00, 17.00–19.00 Uhr), die **Svi-Sveci-Kirche** (im Sommer 10.00 bis 13.00, 17.00– 19.00 Uhr) u. a. eine wertvolle Ikonensammlung.

TIPP

Süße Verführung

Die Konditorei Cukarin in Korčula bietet Gebäck und andere Süßigkeiten an, die nach überlieferter Rezeptur gefertigt werden. Der ebenfalls hier erhältliche und selbst hergestellte Kräuterschnaps aus über zwanzig Heilkräutern soll bei (fast) allen körperlichen Beschwerden helfen. Versprochen!

Umgebung: Im windgeschützten **Vela Luka** gibt es ein Heilbad zur Behandlung von rheumatischen Krankheiten und eine zerklüftete Küste mit vielen Badebuchten.

Zu der bis 1989 gesperrten ehemaligen Militärinsel **Lastovo**, die von den Römern ›Augusta insula‹ (kaiserliche Insel) genannt wurde, gehören fast 50 kleinere und größere Inseln. Nur wenige sind bewohnt. Während der Sommermonate ist sie ein begehrtes Revier für zahlreiche Freizeitkapitäne! Da es unzählige geschützte Ankermöglichkeiten gibt, ist selbst im August nur wenig von dem großen Andrang zu spüren.

Aktivitäten: Zahlreiche Wassersportmöglichkeiten, ACI Korčula, Tel. 020/71 16 61.

SPECIAL

Insel-Karneval

Auf der Insel Lastovo wird jedes Jahr von Anfang Januar bis Faschingsdienstag in historischen Kostümen Karneval gefeiert. Den Abschluss dieser beliebten, farbenprächtigen Veranstaltungen bildet die Verbrennung einer schwarzen Strohpuppe – Symbol für das Osmanische Reich, dem mächtigsten Feind in alten Zeiten.

Veranstaltungen: 29. Juli: Moreška, traditionelle Säbeltanz-Aufführung, 23. April: Ritterspiel ›Kumpanija‹ mit Schwerttanz in Blato im Inselinneren.

ⓘ TZG, Obala Vinka Paletina, Tel. 020/75701, Fax 715866.

Halbinsel Pelješac ❷

342 km² groß, 65 km lang und bis zu 7 km breit – das ist die süddalmatinische Halbinsel Pelješac. Mit seiner stolzen Höhe von 961 m ist der Berg Sv. Ilija der höchste der kroatischen Inselwelt. Der berühmte, sehr starke Rotwein Dingač, der trockene Postup und der leicht liebliche Pelješac stammen von hier. Landwirtschaft und Fischfang sind die Haupteinnahmequellen der circa 8000 Menschen, der Tourismus spielt (noch) eine untergeordnete Rolle.

Ston: Die Gegend um den Ort, der sich aus Veliki Ston und Mali Ston zusammensetzt, ist für ihre Muschelzuchten und Salinen bekannt. Insgesamt 5 km misst die Stadtmauer, die zu dem gewaltigen Befestigungssystem gehört, das Veliki und Mali Ston verbindet. 1996 wurden viele der historischen Gebäude der beiden Orte durch ein Erdbeben stark beschädigt. Von der Koruna-Festung in Mali Ston auf der anderen Seite des Berges sind nur noch die Außenmauern erhalten. Der benachbarte Badeort **Hodilje** bietet einen schönen Blick auf das alte Burggemäuer (ⓘ TZG Ston, Pelješka cesta, 20230 Ston, Tel./Fax 020/ 754452).

Trpanj: Der Hafenort (700 Einw.) wurde auf sieben Hügeln erbaut und wird deshalb oft als ›kleines Rom‹ bezeichnet. Im Inneren der neoromanischen Pfarrkirche zeigt das Deckengemälde eine detaillierte Stadtansicht. Mehr als 400 Stufen müssen erklommen werden, um zur 1698 erbauten Kirche Sv. Roko zu gelangen (ⓘ TZG am Hafen, 20240 Trpanj, Tel./Fax 020/ 743433).

Orebić: Das gepflegte Küstenstädtchen (2000 Einw.), zu Füßen des Berges Sv. Ilija gelegen, erhielt seinen Namen von einer hier lebenden Kapitänsfamilie, die im Jahre 1516 ein Kastell als Wohnhaus erbauen ließen. Viele der schönen ehemaligen **Kapitänsvillen**, besonders die direkt am Hafen gelegenen, sind von Parks umgeben, in denen Pflanzen aus aller Herren Länder wachsen. Das **Schifffahrtsmuseum** direkt am Kai (Trg Mimbelli, tgl. 9.00–12.00, 18.00–20.00 Uhr) erinnert mit seinen historischen Exponaten an die frühere Rolle der Stadt als bedeutender Handelshafen. In der **Pfarrkirche** befindet sich ein von Enrico Pallastrini gemaltes Werk (1845), das den hl. Nikolaus, den Schutzpatron aller Seefahrer, zeigt. Etwa 2 km westlich von Orebić liegt ein gotisches **Franziskanerkloster** (1470–1480) mit angeschlossenem Museum (9.00–12.00, 16.00–18.00 Uhr). In der für ein Gotteshaus ungewöhnlich farbenfrohen Klosterkirche sind Votivtafeln angebracht, die – wie könnte es anders sein – hauptsächlich Segelschiffe zeigen! Von der Renaissanceloggia (16. Jh.) am Kloster genießt man einen schönen Blick auf die nahe Insel Korčula (ⓘ TZG Orebić, Trg Mimbeli b.b., 20250 Orebić, Tel. 020/ 713718, Fax 713193).

Kućište: Der kleine Ort (250 Einw.) 4 km westlich von Orebić mit seinen barocken Villen lohnt einen Abstecher. Neben dem alten, am Berg gelegenen Friedhof, auf dem viele Kapitänsfamilien begraben wurden, befindet sich die gotische Kapelle Sv. Luka mit einem wertvollen goldenen Kelch aus der Renaissance (ⓘTZG Ortsmitte, 20267 Kućište, Tel. 020/719123).

Viganj: 3 km hinter Kućište kommt man nach Viganj. Im Zentrum des Küstenortes, der wegen seines zuverlässig wehenden Windes beliebter Surfer-Treffpunkt ist, steht ein Dominikanerkloster (1671), in dessen Klosterhof mit Kreuzgang heute ein Restaurant eingezogen ist. Auch in Kućište findet man etliche prächtige barocke Villen, bei denen an kostbarem Marmor nicht gespart wurde und die früher Kapitäns- und Reederfamilien gehörten (ⓘTZG, 20269 Viganj, Tel. 020/ 719295).

Veranstaltung: Am Pfingstmontag findet eine feierliche Prozession zum Franziskanerkloster bei Orebić statt. Beim Stoner Sommer (Stonsko Ljeto) gibt es Folkloredarbietungen und klassische Musik in der Festung von Mali Ston.

Aktivitäten: Wandern, Baden, Fahrradverleih, Surfbrett- und Bootsverleih.

Insel Mljet 3

Wer abseits vom Tourismusrummel durch einen Nationalpark mit zwei Salzseen, ausgedehnten

Eine der ältesten in Europa: die Apotheke im Franziskanerkloster von Dubrovnik

Eichen-, Kiefern- und Pinienwäldern wandern und in stillen Buchten baden möchte, sollte seinen Urlaub auf der Insel Mljet (1200 Einw.) verbringen. Früher kamen nach Mljet fast nur Ausflügler von Dubrovnik, heute gibt es hier auch ein Hotel, und Privatzimmer werden an Touristen vermietet.

Sehenswert: Es gibt eine Insel auf der Insel: **Sveta Marija,** ein Eiland im Großen Salzsee (Veliko jezero). Dort liegt malerisch ein Benediktinerkloster (12. Jh.).

Anreise: Regelmäßige Fährverbindung von Dubrovnik zum Hafen Sobra.

ⓘ Informacije Nacionalni park, Pristanište 2, 20226 Govedari, Tel. 020/744058, Fax 744043, TZG, Govedari, Polače bb, Tel. 020/ 744086, Fax 744042.

Dubrovnik 4

TOP ZIEL Bernhard Shaw hatte natürlich Recht, als er behauptete: ›Diejenigen, die das Paradies auf Erden suchen, sollten nach Dubrovnik kommen‹. Denn die ebenso geschichtsträchtige wie quicklebendige Hauptstadt von Süddalmatien (50000 Einw.), zum Unesco-Weltkulturerbe ernannt, ist in der Tat atemberaubend schön. Ganz besonders deutlich wird dies, wenn man vom Berg Srđ, der die Altstadt nach Nordosten abriegelt, auf die Altstadt von Ragusa – so der alte italienische Name der Stadt – hinab blickt: eine Festung, in dem einheitlichen hellen Stein erbaut und an drei Seiten vom Meer umspült – so liegt sie dem staunenden Betrachter zu Füßen.

Sehenswert: Der beste Ausgangspunkt für einen Stadtrundgang ist das **Pile-Tor** (Vrata od Pila, 14.–16. Jh.), eines der sechs **Tore** der Stadtmauer. Gleich dahinter, am **Großen Onofrio-Brunnen** (1444), beginnt die Hauptstraße, **Stradun**, Placa oder Korso genannt, die abendliche Flaniermeile mit zahlreichen Geschäften, Restaurants und Cafés. Direkt hinter dem Pile-Tor – nach der Tradition der Bettelorden in der Nähe der Stadtmauer – liegt das **Franziskanerkloster** (Franjevački samostan, 1317–15. Jh., Placa 2). Unbedingt sehenswert sind der begrünte gotische Kreuzgang und das Museum (Muzej franjevačkog samostana, tgl. 9.00–16.00 Uhr) wegen der seit 1317 unveränderten **Klosterapotheke.** Gegenüber, im **Klarissinnenkloster** (Sv. Klara samostan, 13.–16. Jh.), richtete man 1472 das erste Waisenhaus Europas ein. In dem von Säulen einfassten Innenhof befindet sich heute ein Lokal.

TIPP

Auf die Mauer!

Einen ersten Überblick über die gesamte Altstadt verschafft ein Rundgang auf der fast 2 km langen, 25 m hohen und bis zu 6 m dicken Stadtmauer (Gradske zidine, 9.00–19.00 Uhr). Besonders gut ist die Aussicht vom Minčeta-Turm an der Nordwestseite der Mauer. Am schönsten leuchten die roten Dächer und strahlenden Häuserfronten kurz bevor die Sonne im Meer versinkt!

Auf dem **Luža-Platz**, einem weiteren, ebenfalls gern besuchten abendlichen Herzstück der Altstadt – ausladende Kulisse der Dubrovniker Sommerspiele und anderer Veranstaltungen – steht die **Statue des Roland** (1418), Symbol für die eigene Gerichtsbarkeit des freien Stadtstaates. Zu den wenigen Gebäuden, die das Erdbeben 1667 nahezu unbeschadet überstanden haben, gehört der **Sponza-Palast** am Luža-Platz, der 1516 bis 1522 im Übergangsstil von Spätgotik zur Renaissance erbaut worden war. Seine lateinische Inschrift ›Es ist verboten zu betrügen und falsch zu wiegen, und wenn ich die Waren wiege, wiegt Gott mit mir‹ erinnert an die ehemalige Funktion des Gebäudes als Zoll- und Münzamt. Daneben erhebt sich der 31 m hohe **Uhrturm** (1444) mit Mondphasenangabe, die ehemalige **Hauptwache**, der

Infos

Kleine Onofrio-Brunnen (Mala Onofrijeva česma), das **Rathaus** (19. Jh.) und das **Nationaltheater** (19. Jh.). Im Süden wird der Platz von der barocken Kirche **Sv. Vlaho** (18. Jh.) eingerahmt. Das Gotteshaus besitzt die berühmte Statue des hl. Blasius (15. Jh.), die den Stadtpatron mit einem Modell von Dubrovnik, einer Ansicht der Stadt vor dem verheerenden Erdbeben im Jahre 1667, zeigt. Wenige Schritte weiter steht man schon vor dem wohl prächtigsten Gebäude der Stadt, dem **Rektorenpalast** (Knežev dvor, 15. Jh.) mit seinem schönen Arkaden-Innenhof. Im Innern des Palastes, u. a. in den ehemaligen Wohn- und Repräsentationsräumen des Rektors, zeigt das Stadtmuseum seine Schätze, darunter vor allem Gemälde und Mobiliar aus Dubrovniker Adelspalästen (Mo.–Sa. 9.00–13.00 Uhr). Der mächtige barocke **Dom Velika Gospa** (1671–1713) – vermutlich eine Stiftung von Richard Löwenherz, der Schiffbruch erlitt und sich auf die Dubrovnik vorgelagerte Insel Lokrum retten konnte – überragt das Dächergewirr der Stadt und birgt wertvolle Schätze, wie eine Himmelfahrt Marias von Tizian (um 1552). In der Schatzkammer (tgl. 9.00–12.00, 15.00 bis 18.00 Uhr) wird eine Reliquiensammlung des hl. Blasius gezeigt. Eine breite Treppenanlage, die der Spanischen Treppe in Rom nachempfunden wurde, führt hinauf zur barocken **Jesuitenkirche** (Jezuitska crkva, 18. Jh.) mit der ältesten Glocke Dalmatiens (1355). Von hier ist es nicht mehr weit zur **Festung Sv. Ivan**, die auf einem 40 m hohen Felsen westlich der Altstadt thront. Auf zwei Etagen ist das interessante **Schifffahrtsmuseum** der Stadt Dubrovnik untergebracht (Pomorski Muzej).

Umgebung: Auf die kleine, 750 m vom Stadthafen Dubrovnik entferne **Insel Lokrum** mit Fort Royal (1858) besteht ein regelmäßiger Schiffsverkehr. Der auf einer Halbinsel gebaute Ort **Cavtat** mit seinen zwei Naturhäfen bietet neben dem Fürstenhof (Knežev dvor, 16. Jh.) viele Badebuchten. Informationen im Hotel Croatia, Tel. 020/47 55 55, Fax 47 82 13.

Aktivitäten: Zahlreiche Wassersportarten, ACI Marina in Mokošica, Tel./Fax 020/ 45 50 20, Diving Club Dubrovnik, Ivana Zajca 35, Tel. 020/43 57 37, www.diver.vdu.hr

Veranstaltungen: 15. Februar: Fest des St. Blasius (Sv. Vlaho) mit Lichter-Prozession. Die größte Kulturveranstaltung des Landes sind die ›Dubrovniker Sommerfestspiele‹ (Dubrovački ljetni festival) vom 10. Juli bis 25. Aug. mit Musik, Theater, Lesungen, Ausstellungen und Tanz (www.dubrovnik-festival.hr).

ⓘ TZG, Cvijete Zuzorić 1/2, Tel. 020/426303, 426476, Fax 422480, E-Mail: tzgd@du.tel.hr

Insel Šipan 5

Zwischen der Halbinsel Peljesac und der Dubrovniker Halbinsel Lapad, nicht weit von der Küste entfernt liegen sie, die Elaphitischen Inseln. Šipan ist mit 17 km² die größte, gefolgt von Lopud und Koločep und zehn weiteren, zum Teil winzigen Eilanden, die sich alle durch eine subtropische Vegetation und ländliche Ruhe auszeichnen.

Sehenswert: Der größte Ort auf Šipan, **Šipanska Luka**, schmiegt sich in eine tief eingeschnittene Bucht an der Nordwestseite der Insel. Der dortige Rektorenpalast (1450) wurde während der Herrschaft Dubrovniks erbaut. Dass die Elaphitischen Inseln bereits im 15. und 16. Jh. ein beliebtes Sommerrefugium für Klerus und Adel waren, zeigt sich auch im 4 km entfernten Sugjuraj. Dort residierten die Bischöfe von Dubrovnik, und die Familie Škočibuha baute sich im 16. Jh. ihren befestigten Sommerwohnsitz.

Umgebung: Lopud, die zweitgrößte Insel des Archipels, ist noch grüner als Šipan, da es hier Süßwasserquellen gibt. Kakteen, Feigenbäume, Palmen, Zitronenbäume und Weinreben gedeihen hier im Überfluss. Auch auf Lopud gibt es noch Adelsvillen, weit größer ist allerdings die Zahl der kleinen Kirchen und Klöster auf der Insel, die Lopud seinen kirchlichen Förderern verdankt. Im gleichnamigen Ort – dem einzigen auf der Insel – kann man an der Hafenpromenade bummeln oder am Sandstrand baden.

TIPP

Sommerkurse

Parallel zu dem Sommerfestival finden in Dubrovnik im Internationalen Zentrum der kroatischen Universitäten (MSHS) Kurse zum Erlernen der Landessprache statt. Neben täglichem Unterricht stehen auch Ausflüge und Vorträge zur Geschichte des Landes auf dem Programm.
Info: www.open.hr/com/vodnikova, Centar za Strane Jezike, Vodnikova 12, 10000 Zagreb.

Tag und Nacht belebt: der Stradun, die Hauptflaniermeile in Dubrovnik

Die kroatische Adria – ein Seglerparadies

Anreise

Mit dem Flugzeug: Direkte Linienflüge nur nach Zagreb und Split von Croatia Airlines, Air France und Lufthansa. Charterflüge im Sommer nach Split, Zadar, Rijeka, Pula, Dubrovnik und Brač (u. a. von Croatia Airlines).

Mit der Bahn: Mit der Bahn erreichbar sind Pula, Rijeka (Euro-City-Strecke München–Zagreb–Rijeka), Zadar, Šibenik und Split (über Zagreb, Info: Internationaler Eisenbahnverkehr: 01/457 32 38, www.hznet.hr).

Mit dem Auto: Die schnellste, allerdings in den Hauptreisezeiten auch sehr stauanfällige Anreiseroute ist die Strecke Salzburg – Villach – Ljubliana – Rijeka. Kosten für die österreichische Autobahnvignette und die Mautgebühren für den Tauern- und Karawankentunnel einplanen! Rijeka ist der wichtigste Fährhafen für die Inseln in der Kvarner Bucht und für die Küsteneilfähre (s. u.). Von der Hafenstadt aus führt die gut ausgebaute Küstenmagistrale bis nach Dubrovnik. Alternativroute für die Anreise nach Istrien: Ab Villach über Udine und Triest (Mautgebühr auch bei italienischen Autobahnen).

Mit dem Bus: Eine sehr preisgünstige, dafür aber etwas zeitaufwändige Variante (München–Zagreb circa 10 Stunden) ist die Fahrt mit dem Bus über Zagreb nach Rijeka, Split oder Dubrovnik. Abfahrt an allen größeren deutschen Bahnhöfen. Etwas teurer sind die Europabusse. Hier ist auch eine Reservierung möglich (Info: Internationaler Busverkehr, Tel. 01/615 79 83, www. akz.hr).

Mit dem Schiff: Autofähren gehen u. a. von den italienischen Häfen Triest, Ancona, Bari u. a. nach Pula, Vis, Split und Dubrovnik. Die Küsteneilfähre fährt von Rijeka bis Dubrovnik. Sie hält an vielen Stellen und benötigt dementsprechend viel Zeit. In der Hauptreisezeit unbedingt im Voraus buchen (Informationen und Buchung bei Deutsches Reisebüro Dertraffik, Tel. 069/95 88 17 17, Fax 95 88 17 69 oder bei: Bemex Tours, Tel. 0130/2311970).

Auskunft

In Deutschland: Kroatische Zentrale für Tourismus, Kaiserstr. 23, 60311 Frankfurt/Main, Tel. 069/2385350, Fax 23853520, E-Mail: KZFT@gmx.de
Kroatische Zentrale für Tourismus, Rumfordstr. 7, 80469 München, Tel. 089/ 22 33 44, Fax 089/22 33 77, E-Mail: htzmuc02 @t-online.de

In Österreich: Kroatische Zentrale für Tourismus, Operngasse 5, 1010 Wien, Tel. 01/585 38 84, Fax 01/585 38 84 20, E-Mail: office@kroatien. at

In Kroatien: Kroatische Zentrale für Tourismus, Iblerov trg 10/IV p.p. 251, 10000 Zagreb, Tel. 01/455 64 55, Fax 455 78 27, E-Mail: info@htz.hr, www.htz.hr

Autofahren

Für das Autofahren gelten dieselben Regeln wie in Deutschland und Österreich. Anschnallen ist Pflicht. In den Orten darf die Höchstgeschwindigkeit von 50 km/h, außerhalb 80 km/h, auf Schnellstraßen 100 km/h und auf Autobahnen 130 km/h nicht überschritten werden. Die Promillegrenze liegt bei 0,5. Gerade in den Sommermonaten finden in der Küstenregion zahlreiche Kontrollen statt! Vorsicht bei Regen – da sind die Landstraßen oft sehr rutschig!

Behinderte

Erst langsam beginnt man in Kroatien, Hotels, Cafés, Restaurants und Strände behindertengerecht einzurichten.

Botschaften und Konsulate

Deutschland: Botschaft, Vulkovara 64, 10000 Zagreb, Tel. 01/615 81 05, Fax 615 55 36
Honorarkonsulat, Obala Hrvatskog Narodnog Prepodora 10, 21000 Split, Tel. 021/ 36 21 14, Fax 36 21 15

Österreich: Botschaft, Jabukovac 39, 10000 Zagreb, Tel. 01/483 44 57, Fax 483 44 61
Konsulat, Konzula Istrianina 2, 51000 Rijeka, Tel./Fax 051/33 85 54

Schweiz: Botschaft, Bogovićeva 3, 10000 Zagreb, Tel. 01/481 08 91, Fax 481 08 90

Camping

Entlang der gesamten Küstenlinie und auf vielen Inseln sind zahlreiche, meist direkt am Meer gelegene größere und kleinere Campingplätze zu finden. Während der Hauptsaison ist eine Reservierung unbedingt zu empfehlen – entweder über die Kroatische Zentrale für Tourismus in Deutschland, die jeweiligen Fremdenverkehrsbüros im Land oder direkt beim Campingplatz. Während des Winters können die Campingwagen in Campingdepots vor Ort untergestellt werden. Wildes Campen ist in ganz Kroatien strengstens verboten!

Essen und Trinken

Wer das Meer direkt vor der Nase hat, lebt natürlich nicht nur mit, sondern auch aus ihm. Daher ist es nicht verwunderlich, dass Fischgerichte den Speiseplan an der kroatischen Adriaküste dominieren. Frische Austern aus dem Limski-Kanal, Muscheln (prstaci) und Scampi, zum Beispiel in Tomaten-Wein-Sauce (Scampi na buzaru), wird man vor allem in Restaurants auf der Karte finden. In einfacheren Lokalen bekommt man den Fisch vom Grill mit Knoblauch und

Restaurant im Innenhof des Klosters Sv. Klara in Dubrovnik

Reisedaten Kroatische Adriaküste

Flug von Deutschland	Anreise per Bus	Reisepapiere	Devisen	Mietwagen	Benzin	Hotel	Ferienhaus	Menü	Einfaches Essen	Ortszeit
Frankfurt/M.–Split ca. 250 €	Busfahrt München – Rijeka ca. 150 €	Personalausweis oder Reisepass	1 € = 7,10 Kuna	ab 70 € pro Tag (unbegrenzte Kilometer, Versicherung)	In der Regel 1 Liter - 0,10 € zu Deutschland	Do/Frühstück: Luxuskat. ab 120 €, Mittelklasse ab 70 €	Hochsaison Woche ab: 420 €	3 Gänge mit Wein pro Pers. ab 25 €, Luxus ab 40 €	Mittags-Buffet ab 4 €	MEZ/MSZ

Weißbrot serviert. Für diese Zubereitungsart eignen sich besonders gut die Gold- (orada) und die Zahnbrasse (zubatac), der Seebarsch (brancin) mit seinem festen Fleisch oder die fein schmeckende Seezunge (tabinja).

Nicht nur Fisch, auch Fleisch wird gern gegrillt. Čevapčići (Hackfleischröllchen), ražnjići (Fleischspieße) und pljeskavica (eine Art Hackfleischschnitzel) dürfen auf keiner Karte fehlen. Ebenfalls herzhaft schmecken die istrischen Würstchen mit Sauerkraut, die man in ländlichen Gasthäusern serviert bekommt. Fleischspeisen sind in Istrien traditionell nicht so sehr verbreitet wie in Dalmatien – mit Ausnahme der Wildgerichte im Herbst. Apropos Herbst: Das istrische Hinterland birgt eine begehrte Delikatesse, die Trüffeln. Diese finden meist in Nudelgerichten Verwendung.

Das Menü beginnt in der Regel mit einer minestra, einer istrischen (der italienischen sehr verwandten) Gemüsesuppe. Eine andere Vorspeise ist der getrocknete Schweineschinken (pršut), der gern zusammen mit dem Käse von der Insel Pag (paški sir) gereicht wird. Die istrische Küche kennt ein paar leckere (und sehr süße) Nachspeisen, so die aus Hefeteig gemachten und in Öl gebackenen fritule oder kroštule, die sich am ehesten mit Krapfen vergleichen lassen. Ein Relikt aus der k.-u.-k.-Zeit ist der Palatschinken.

Geld

Kuna (Plural Kune) heißt die Landeswährung. Münzen gibt es im Wert von 1, 2 sowie 5 Kune und 1, 2, 5, 10, 20 und 50 Lipa (100 Lipa ergeben 1 Kuna), Banknoten im Wert von 5, 10, 20, 50, 100, 200, 500 und 1000 Kune.

Wechseln kann man in Banken, auf der Post, in Reisebüros und in Wechselstuben, oft auch in Hotels und auf Campingplätzen. Aktueller Wechselkurs: 1 Kuna = 0,14 Euro.

Gesundheit

Apotheken (Apoteka), die es in jedem größeren Ort gibt, sind meist von 8.00 bis 19.00 Uhr geöffnet. Größere Orte haben Krankenhäuser (bolnica) mit Notaufnahmen, in denen man während der Saison meist auf deutschsprachige Gäste eingestellt ist.

TIPP

Vorsicht Stacheln!

An den steilen Felsen nisten sich oft Seeigel an, deren lange Stacheln schmerzhafte Verletzungen hervorrufen können. Man sollte deshalb beim Baden unbedingt Plastiksandalen tragen – nicht besonders schick, aber der einzig wirksame Schutz!

Haustiere

Hund und Katze brauchen ein Gesundheitszeugnis vom Amtstierarzt mit Tollwutimpfbescheinigung.

Hotels

Hotels, Apartments, Privatzimmer, Campingplätze und FKK-Camps – die Bandbreite an Unterkünften an der kroatischen Adriaküste ist groß. Viele Hotels wurden privatisiert und den heutigen Komfortwünschen angepasst. Eine günstige Alternative zum Hotelurlaub sind die privaten Unterkünfte und die meist schön gelegenen Campingplätze. Bei beiden ist eine rechtzeitige Buchung in der Hauptsaison dringend zu empfehlen. Jugendherbergen gibt es in allen größeren Städten, nähere Infos erhält man beim Kroatischen Ferienverband, Tel. 01/4847472, www.hfhs.hr

Preise:

€€€	Doppelzimmer	über 770 Kuna
€€	Doppelzimmer	300–770 Kuna
€	Doppelzimmer	bis 300 Kuna

Novigrad: €€€ **Hotel Cittar**, Venecijanski prilaz 5, Tel. 052/757737, Fax 757340; luxuriöses Hotel, durch ein großes Glasdach direkt mit der alten Stadtmauer verbunden.

Poreč: €€€ **Hotel Fortuna**, sehr schön auf der kleinen, Poreč vorgelagerten Insel Sv. Nikola gelegen, Tel. 052/406000, Fax 451119, nicht ganz preisgünstig, mit einer kleinen Fähre, die alle 20 Minuten fährt, bequem und schnell zu erreichen.

€€ **Hotelapartments Parentium**, Tel. 052/411500, Fax 451536; gepflegte Apartmentanlage an der Zelena Laguna direkt am Meer.

€ **Adriatic-Appartments**, Trg slobode 2a, Tel. 052/452663, Fax 452187; vermittelt günstige private Zimmer.

Rovinj: €€€ **Paradies Hotel** auf der kleinen Insel Katarina, 52210 Rovinj, Tel. 052/804100, Fax 804111, www.hotelinsel-katarina.com; von einem Österreicher geführtes Hotel der oberen Preisklasse.

Pula: €€€ **Hotel Milan**, Stoja 4, Tel. 052/21000, Fax 210500; sehr gutes Hotel mit ausgezeichnetem Restaurant.

Medulin: €€ **Hotel Belvedere**, Tel. 052/572001, 572101, Fax 572549; gutes Hotel mit Schwimmbad, Sauna und Sportanlagen.

Opatija: €€€ **Hotel Ambassador**, Feliksa Peršića 1, Tel. 051/271211, Fax 271772; Hotel der oberen Preisklasse direkt am Meer mit zwei Meeresschwimmbädern.

Rijeka: €€ **Hotel Kontinental**, Šetalište A. Kačića Miošića 1, Tel. 051/372008, Fax 372009; zentrumsnahes, schön restauriertes Hotel, jedoch ohne pompöse Ausstattung.

Krk (Insel): € **Hotel Marina**, Obala hrvatske mornarice, Tel./Fax 051/221128; gepflegtes, einfaches Hotel mit schöner Sonnenterrasse.

Cres (Insel): €€ **Hotel Kimen**, Tel. 051/57161, Fax 571163; großer Hotelkomplex, direkt in einem Pinienwald am Meer gelegen.

Lošinj (Insel): €€ **Hotel Bellevue** in Mali Lošinj, Tel. 051/231222, Fax 231268; Hotel in der Čikat-Bucht, das bekannt ist für sein großes Angebot an Sportmöglichkeiten.

Rab (Insel): €€ **Hotel Carolina** in Suha Punta, Tel. 051/724133, Fax 724208; große Anlage mit Schwimmbad und Zimmern, die alle Meerblick haben.

Zadar: €€ **Hotel Barbara** in Borik, Majstora Radovana 7, Tel. 023/206100, Fax 332065; großes Hotel einer Hotelkette mit Meerwasser-Schwimmbecken.

Pašman (Insel): € **Pension Lučine**, Tel. 023/269381; preisgünstige Pension, in der alle Zimmer Balkon und Dusche haben.

Šibenik: €€ **Hotelanlage Solaris**, nahe Šibenik auf einer Halbinsel, neben zahlreichen Sportmöglichkeiten bietet die gepflegte Anlage Diskos, Restaurants und ein Hallenbad.

Trogir: €€€ **Hotel Fontana**, Tel. 021/885744, Fax 885755; ruhiges Hotel der gehobenen Preisklasse direkt in der Altstadt.

Split: €€ **Hotel Bellevue**, Trg Bana Jelačića 2, Tel. 021/585655, Fax 362383; schönes altes Hotel, guter Ausgangspunkt für Spaziergänge in die Altstadt.

€€ **Hotel Marjan**, Obala Kneza Branimira 8, Tel. 021/302111, Fax 342930; Hotel nahe der Altstadt mit schönem Ausblick.

Omiš: €€ **Hotelanlage Ruskamen**, Tel. 021/871402, Fax 871401; Hotelanlage der Mittelklasse mit Bungalows und Campingplatz direkt am Meer.

Makarska: € **Hotel Biokovka**, Put Cvitvačke 9, Tel. 021/602200, Fax 612493; großes Hotel mit einfachen Zimmern und gut ausgestattetem Fitness-Bereich, Sauna.

Tučepi: €€€ **Hotel Kaštelet**, Dračevice 35, Tel. 021/601202, Fax 601204; klein, aber fein ist das Motto des Hotels, das in einer um 1800 erbauten Villa untergebracht ist.

Pelješac (Halbinsel): €€ **Hotel Orsan** in Orebič, Šetalište Petra Krešimira IV, Tel. 020/713026, Fax 712367; angenehmes Hotel für meist jüngeres Publikum mit eigener Surfschule und eigenem, langen Kiesstrand.

Brač (Insel): €€ **Hotel Kaktus** in Supetar, Put Vele Luke 4, Tel. 021/631133, Fax 631130; große Hotelanlage mit Apartments, Nightclub und verschiedenen Sportmöglichkeiten.

Hvar (Insel): €€€ **Hotel Slavija** in Hvar, Tel. 021/741820, Fax 741147; stilvolles Hotel an der östlichen Uferpromenade.

€€€ **Hotel Palace**, Tel. 021/741966, Fax 742420; das älteste Hotel in Hvar, direkt am kleinen Hafenbecken mit herrlicher Terrasse.

Korčula (Insel): €€€ **Hotel Korčula**, Tel. 020/711078, Fax 711746; kleines Hotel auf der Westseite der Altstadtinsel.

Dubrovnik: €€€ **Villa Orsula**, Franja Supila 14, Tel. 020/440555, Fax 432524; Hotel der Luxusklasse mit nur 15 Zimmern.

€ **Hotel Zagreb**, Šetalište K. Zvonimira 27, Tel. 020/436146, Fax 436006; kleines, gemütliches Hotel in einem hübschen Park.

Internet

www.htz.hr
Homepage der Kroatischen Zentrale für Tourismus; zur Zeit noch im Aufbau.

www.kroatien-links.de
Nachrichten von und über Kroatien.

www.croatiaairlines.com
Flugauskünfte von Croatia Airlines.

www.wetter.net/n116.html
Das aktuelle Wetter in Kroatien.

www.croatia.net
Sowohl Geschichte als auch Aktuelles über Kroatien, alles auf Englisch, mit Postkarten zum Verschicken.

www.skippertipps.de
Umfangreiche Informationen für Wassersportler.

Literaturempfehlungen

Unterhaltung: Kurt Held, Die Rote Zora und ihre Bande. Jugendbuch, das u.a. in dem Städtchen Senj spielt.

Jules Verne, Mathias Sandorf. Abenteuerroman, im Antiquariat (Internet!) günstig erhältlich.

Sachbücher: Harald Waitzbauer, Durch Istrien. Reisebericht über eine Fahrt mit der alten Istrianischen Staatsbahn, die durch die damalige k.u.k.-Provinz fuhr.

Johann Strutz, Dalmatien. Sammlung von Kurzgeschichten aus verschiedenen Epochen.

Reiseführer: Baedeker Allianz Reiseführer Istrien und Dalmatinische Küste, 4. Auflage 2002; detaillierte Infos zu allen Orten und Landschaften des Reisegebietes; ausführliche Routenbeschreibungen und nützliche praktische Tipps.

Geschichte

- **Um 1200 v. Chr.** Illyrer wandern in den Balkan ein. Die Histrer lassen sich im Norden Kroatiens, die Dalmater in der Küstenregion nieder.
- **Um 700 v. Chr.** Griechen gründen an der Adria Kolonien, u. a. Hvar und Korčula.
- **229 v. Chr.** Erster römischer Feldzug gegen illyrische Seeräuber.
- **284–305 n. Chr.** Kaiser Diokletian lässt seinen Palast in Split bauen.
- **um 500–650** Südslawen breiten sich auf der Balkaninsel aus und beenden die byzantinische Herrschaft über Dalmatien.
- **7. Jh.** Beginn der Christianisierung.
- **Mitte 9. Jh.** Herzog Trpimir gründet die erste kroatische Herrscherdynastie.
- **924** Fürst Tomislav wird erster kroatischer König.
- **um 1000** Venezianer besetzen dalmatinische Inseln und Küstengebiete.
- **1389** Schlacht auf dem Amselfeld (Kosovo-Polje), in der die Türken die südslawischen Völker schlagen.
- **1571** Seeschlacht bei Lepanto, in der die türkische Flotte besiegt wird.
- **1667** Ein schweres Erdbeben zerstört fast die ganze Stadt Dubrovnik.
- **1809** Napoleon I. gründet die Illyrische Provinz (Slowenien, Istrien und Dalmatien).
- **1816** Dalmatien wird Teilkönigreich von Österreich, Istrien wird direkt Wien unterstellt.
- **1867** Dalmatien wird Teil der ungarischen Reichshälfte.
- **1908** Österreich annektiert Bosnien und Herzegowina.
- **1914–1918** Kroatien kämpft im Ersten Weltkrieg an der Seite von Österreich-Ungarn.
- **1920** Die Pariser Vorortverträge legen fest, dass u. a. Istrien, Cres und Lošinj zu Italien gehören.
- **1929** König Alexander tauft den Staat in ›Königreich Jugoslawien‹ um.
- **1939–1945** Deutsche und italienische Truppen marschieren in Jugoslawien ein. Sie werden von kommunistischen Partisanen unter der Führung von Josip Broz, genannt Tito, bekämpft.
- **29. 11. 1945** Proklamation der Föderalistischen Republik Jugoslawien.
- **1947** Rückgabe der italienisch besetzten Gebiete.
- **1953** Tito wird Staatspräsident.
- **1980** Tod Titos, Staatspräsidium und Parteipräsidium übernehmen die Kollektivführung.
- **1990** Franjo Tudjman wird Präsident der Teilrepublik Kroatien.
- **1991** Ausbruch des Balkankrieges zwischen Serben und Kroaten, in dem Kroatien Gebiete u. a. in Slawonien und die Krajina an die Serben verliert. Die Städte Dubrovnik, Zadar, Šibenik werden von den Serben bombardiert.
- **21. 2. 1992** Deutschland erkennt als erster Staat der EU das unabhängige Kroatien an.
- **1995** Kroaten erobern u. a. die Krajina und Gebiete in Ostslawonien zurück. Serben, Bosnier und Kroaten unterzeichnen am 14.12. das Dayton-Friedensabkommen, das die Rückgabe dieser Gebiete festlegt.
- **10. 12. 1999** Der langjährige Staatspräsident Franjo Tudjman stirbt.
- **Februar 2000** Bei der Präsidentschaftswahl gewinnt Stipe Mesić von der Kroatischen Volkspartei.

Im Herzen von Istrien: Weiter Blick von Motovun über das Mirnatal

Marinas

Die kroatische Adria ist ein hervorragendes Segelrevier – auch, was die Infrastruktur betrifft. Es gibt 48 eingerichtete Yachthäfen, die über 12000 Liegeplätze im Wasser und 7200 am Land verfügen. Größere Marinas haben einen technischen Kundendienst, Kräne, Tankstellen sowie Restaurants. Alle Marinas an der kroatischen Adria verfügen über Rezeptionen mit aktuellem Wetterbericht, Landstrom- und Wasseranschlüssen, Duschen und Toiletten.

Informationen: Adriatic Club International (ACI), Tel. 051/271288, www.aci-club.hr

Mietwagen

In allen größeren Orten des Landes besteht die Möglichkeiten, ein Auto zu mieten. Die kleineren einheimischen Autoverleiher bieten dies oft kostengünstiger an als die internationalen Verleihfirmen. Ein Preisvergleich lohnt sich also unbedingt! Oft ist eine Einsparung auch durch Buchung von Zuhause über das Internet möglich.

Notruf

Allgemeiner Notruf und Unfall: 94
Polizei, Bergrettungsdienst: 92
Feuerwehr: 93
Pannenhilfe: 987

Post

Während der Saison dauert die normale Post nach Deutschland circa eine Woche. Briefmarken sind in den Postämtern und an vielen Zeitungskiosken erhältlich.

Reisedokumente

Für einen Aufenthalt in Kroatien genügt für Reisende aus Deutschland, Österreich und der Schweiz ein gültiger Personalausweis.

Reisezeit

Wer Sonnenscheingarantie und Badespaß sucht, sollte seinen Urlaub zwischen Anfang Juni und Ende September planen. Diejenigen, die sich mehr an Kultur und Natur erfreuen möchten, sind am besten beraten, wenn sie von Ende März bis Ende Mai an die Kroatische Küste reisen. Für erholsame Urlaubstage gut geeignet sind neben dem Frühjahr auch die Monate September und Oktober.

Restaurants

Restoran bedeutet Restaurant, als Konoba bezeichnet man eine Weinstube oder ein einfaches, ländliches Lokal. Gerade in Istrien sind die Konobas nicht selten hervorragende Adressen für einheimische Spezialitäten. Viele Restaurants sind außerhalb der Saison (April/Mai bis September) geschlossen!

Buje: Marino, 4 km von Buje, Kremenje, tgl. außer Di. 12.00–22.00 Uhr, Tel. und Fax 052/779047; in ländlichem Ambiente genießt man bodenständige Spezialitäten und hauseigene, mehrfach prämierte Weine.

Poreč: Dvi Murve in Vraniči bei Poreč, Grožnjanska 17, tgl. 12.00–24.00 Uhr, Tel. 052/434115, Fax 434184; eines der besten Lokale Istriens, gemütliche Terrasse, Spezialität: Fisch in Salzteigkruste, sehr guter Service, im Sommer unbedingt vorbestellen!

Opatija: Lido, Zert 1, Tel. 051/271112; Terrasse direkt an der Strandpromenade, daher im Sommer gerne besucht.

Ariston, Obala Maršala Tita 243, Tel. 051/271379; ausgezeichnetes Fischrestaurant der oberen Preisklasse.

Krk (Insel): Frankopan in Krk, Tel. 051/221437, gemütliches Lokal mit einheimischen Spezialitäten.

Cres (Insel): Riva in Cres, Riva Creskih Kopetana 13; direkt am Hafen, Fischspezialitäten.

Buffet Osor in Osor, Tel. 051/237167; einfaches Fischlokal mit schönem Garten.

Lošinj (Insel): Pizzeria Galeb in Mali Lošinj, Priko 53, Tel. 051/232347; einfaches Ambiente, aber riesige Pizzas.

Gastionica Marina in Veli Lošinj, Obala Maršala Tita 38, Tel. 051/236178; frische Fischgerichte, je nach Tagesfang.

Rab (Insel): Konoba St. Maria in Rab, Dinka Dokula 6, Tel. 051/724196; frischer Fisch und Grillspezialitäten; preisgünstig.

Pag (Insel): Smokva in Pag, Golija bb, Tel. 053/611095; im schattigen Garten genießt man lokale Spezialitäten.

Zadar: Albin, Put Dikla 47, Tel. 023/443137; sehr gutes Lokal der oberen Preisklasse mit einheimischen Weinen.

Riblja konoba, R. Boškovića 2, Tel. 023/22021; einfach; Fischspezialitäten.

Trogir: Monika, Budislavićeva 12, Tel. 021/884808; alteingesessenes, preisgünstiges Restaurant mit gemütlichem Innenhof.

Split: Sarajevo, Domaldova 6, Tel. 021/347454; empfehlenswertes, sehr gepflegtes Speiserestaurant mit Gerichten aus der Herzegovina.

Crni mačak, Skrade 22, Tel. 021/512721; hübsch in der Altstadt gelegen gibt es hier leckere Fisch- und Fleischgerichte vom Grill.

Insel Vis: Ar, Korzo 16, Tel. 021/711474; Skipper-Treffpunkt direkt an der Hafenpromenade, unbedingt Scampi buzzara probieren!

Dubrovnik: In der Prijeko-Straße (parallel zum Stradun) und in ihren Querstraßen findet man Restaurants für den kleinen und großen Hunger und Geldbeutel.

Wer dem Rummel im Herzen von Dubrovnik entfliehen möchte, sollte die kleine **Konoba Penatur**, Lučarica 6, Tel. 020/421997, aufsuchen und dort das preisgünstige Tagesmenü bestellen.

Split	Tages-temp.	Nacht-temp.	Wasser-temp.	Tage mit Nieder-schlag	Sonnen-stunden pro Tag
Januar	10°	5°	13°	9	4
Februar	11°	5°	12°	8	5
März	14°	7°	13°	8	6
April	18°	10°	14°	7	9
Mai	22°	14°	17°	7	10
Juni	27°	18°	21°	6	10
Juli	31°	21°	23°	4	12
August	31°	20°	24°	3	11
September	26°	17°	22°	6	8
Oktober	21°	14°	19°	8	6
November	16°	11°	16°	11	4
Dezember	11°	6°	14°	12	3

Durchschnittswerte

Souvenirs

Beliebte Mitbringsel sind kunsthandwerkliche Schmuckstücke wie beispielsweise Spitzen von der Insel Pag, handgeflochtene Körbe oder Töpferware, vor allem aber Ess- und Trinkbares wie Wein aus Istrien und Dalmatien, Käse von der Insel Pag, Schinken, Trüffeln und Olivenöl aus Istrien sowie der feine Pflaumenschnaps Slivovitz oder andere Obstschnäpse.

Telefon

Viele öffentliche Telefonzellen funktionieren mit Telefonkarten, die in der Post oder an einem Kiosk erhältlich sind.
Vorwahlen: Deutschland: 0049, Schweiz: 0041, Österreich: 0043. Kroatien hat die Vorwahl 00385. Nationale Auskunft: 988 (im Ortsnetz) bzw. 989 (landesweit).

Verkehrsmittel

Vor Ort sind Auto und Bus die Verkehrsmittel der Wahl, denn nur die großen Städte sind per Bahn erreichbar (siehe Anreise). Zu allen großen Inseln gibt es regelmäßige Fährverbindungen.

Zeit

In ganz Kroatien gilt die mitteleuropäische Zeit (MEZ), im Sommer die Sommerzeit (+ 1 Stde.).

Zeitungen

In Großstädten und in den Touristenzentren an der kroatischen Adriaküste bekommt man überall deutsche Zeitungen (meist mit etwas Verzögerung) und Zeitschriften.

Zollbestimmungen

Persönliche Wertgegenstände, Reiseproviant und Filmausrüstung dürfen zollfrei nach Kroatien eingeführt werden. Außerdem frei: 200 Zigaretten oder 50 Zigarren oder 250 g Tabak, 0,05 l Parfüm, 0,25 l Eau de Toilette, 1 l Wein, 0,75 l Spirituosen und Geschenke bis zu 50 Euro. Abweichende Höchstmengen bei der Wiedereinreise in EU-Länder: 1 l Spirituosen über 22% oder 2 l unter 22% Alkohol, 2 l Wein, 500 g Kaffee sowie Waren im Wert von 175 Euro.

DATEN UND FAKTEN

- **Staat** Kroatien. Das Land hat eine Fläche von rund 56500 km² und rund 4,7 Mio. Einwohner. Hauptstadt ist Zagreb. Amtssprache ist Kroatisch.
- **Landesnatur** Die Adriaküste Kroatiens umfasst drei geografische, aber auch historisch gewachsene Räume: die große Halbinsel Istrien, die Kvarner Bucht und die dalmatinische Küste bis zur Bucht von Kotor (Montenegro). Die charakteristische Felsküste mit ihren zahlreichen Buchten und den 1185 vorgelagerten Inseln entstand durch die Überflutung von Gebirgstälern. Sie bilden die Fortsetzung des Dinarischen Gebirges, das parallel zur dalmatinischen Küste verläuft.
- **Bevölkerung** Die kroatische Adriaküste ist nicht sehr dicht besiedelt – ausgenommen die Gebiete um die größeren Städte Pula, Rijeka, Zadar, Split und Dubrovnik. Von den Inseln vor der kroatischen Küste sind nur 60 bewohnt. Etwa 75% der Bevölkerung sind römisch-katholisch, rund 10% serbisch-orthodox.
- **Politik und Gesellschaft** Kroatien erklärte 1991 seine Trennung von Jugoslawien und ist seither ein souveräner Staat auf demokratisch-parlamentarischer Grundlage. An der Spitze steht ein für fünf Jahre gewählter Staatspräsident. Das Parlament wird alle vier Jahre neu gewählt.
- **Wirtschaft** Die Regierung unter Franjo Tudjman führte Kroatiens Wirtschaft in eine schwere Krise. Reformen und Privatisierungen wurden verschleppt, die Arbeitslosigkeit stieg auf bis zu 20%. Von der neuen Regierung erhofft sich Kroatien ein deutliches Wachstum. Die wichtigsten Wirtschaftszweige sind Erdgas- und Kohleförderung, Textil- und Nahrungsmittelindustrie sowie der Tourismus.
- **Tourismus** Nach schweren Einbußen durch den Krieg im Balkan in den 1990er-Jahren geht es nun mit dem Tourismus wieder aufwärts. Neue Hotels werden gebaut, bereits bestehende nach und nach renoviert. Im Jahr 2001 waren es bereits wieder rund 8 Millionen Gäste.

Register

Fette Ziffern verweisen auf Abbildungen.

Impressum

Verlag: HB Verlag, Marco-Polo-Zentrum, 73760 Ostfildern, Postfach 3151, 73751 Ostfildern, Tel. 0711/4502-0, Fax 0711/4502-135, www.hb-verlag.de, hb@mairs.de
Geschäftsführer: Dr. Thomas Brinkmann, Dr. Stephanie Mair-Huydts
© HB Verlag 2002, für den gesamten Inhalt, soweit nicht anders angegeben
Chefredaktion und Programmleitung: Rainer Eisenschmid, Birgit Borowski
Redaktion: Andrea Wurth
Text: Heide Marie Karin Geiss, Windach
Exklusiv-Fotografie: Jan Kammerhof, Köln
Zusätzliches Fotomaterial: Ralf Freyer, Freiburg: Titelbild (Rab), S. 4, 5 u., 8/9, 16/17, 18/19, 22 o.l., 23 u.r., 24 u.r., 25 o.r. und u.r., 29 u.r., 33, 34/35, 36 M.r., 37 o., 38/39, 40 (3x), 42 (3x), 43 r., 47, 48/49, 54 u.r., 58 o. und u., 59, 66 o.l., 68 u.l. und r., 69 u., 70 o. und u., 71 o., 75, 76, 82 u.l. und r., 83, 87 u., 88 o.und u., 89, 92 o., 96/97 M., 97 u., 98 o. und u., 99 o., 100/101 u., 101 o., 102, 103 o. und M.; Rainer Hackenberg, Köln: S. 3, 12/13, 14/15, 64/65, 84 M.r., 97 o.; Josip Madračević, Stuttgart: S. 55 o., 70 M., 96 u.
Grafische Konzeption und Layout: CYCLUS · Visuelle Kommunikation, Stuttgart
Kartografie: © Mairs Geographischer Verlag, Ostfildern
HB Bildatlas Fotoservice: HB Verlag, Marco-Polo-Zentrum, 73760 Ostfildern, Tel. 0711/4502-1003, Fax 0711/4502-1006, nebel@mairs.de

Für die Richtigkeit der in diesem HB Bildatlas angegebenen Daten – Adressen, Öffnungszeiten, Telefonnummern usw. – kann der Verlag keine Garantie übernehmen. Nachdruck, auch auszugsweise, nur mit vorheriger Genehmigung des Verlages. Erscheinungsweise: monatlich.

Anzeigenalleinverkauf: KV Kommunalverlag GmbH & Co. KG, Postfach 810565, 81905 München, Tel. 089/928096-34 oder -42, Fax 089/928096-38
Vertrieb Zeitschriftenhandel: Partner Pressevertrieb GmbH, Postfach 810420, 70521 Stuttgart, Tel. 0711/7252-227, Fax 0711/7252-310
Vertrieb Abonnement: Zenit Pressevertrieb GmbH, Postfach 810640, 70523 Stuttgart, Tel. 0711/7252-265, Fax 0711/7252-333, hbverlag@zenit-presse.de
Vertrieb Buchhandel und Einzelhefte: Mairs Geographischer Verlag, Marco-Polo-Zentrum, 73760 Ostfildern, Tel. 0711/4502-0, Fax 0711/4502-340
Reproduktionen: Otterbach Digital World KG GmbH & Co., Rastatt
Druck und buchbinderische Verarbeitung: Echter Druck GmbH, Würzburg. Printed in Germany

ISBN 3-616-06141-5

Zeichenerklärung

Autoatlas

Autobahn mit Anschlussstelle	K.-Semedela
Autobahn in Bau mit Fertigstellungsdatum	2003
Autobahn in Planung	
Autobahnähnliche Schnellstraße	
Autobahnähnliche Schnellstr. in Bau	
Fernverkehrsstraße - mit Anschlussstelle	
Wichtige Hauptstraße - Hauptstraße	
Nebenstraße - Fahrweg	
Fahrweg - nur bedingt befahrbar	
Fußwege	
Straßentunnel	
Entfernungen in km an Autobahnen	75 30 45
Entfernungen in km an Straßen	35 10 25
Europastraßennummer	E65
Autobahnnummer - Straßennummer	A1 21
Steigung - Landschaftl.schöne Strecke	10%
Touristenstr.-Autofähre-Schifffahrtslinie	
Hauptbahn mit Bahnhof	
Flughafen - Flugplatz - Segelflugplatz	
Besonders sehenswerter Ort	ZAGREB
Sehenswerter Ort	RIJEKA
Besonders sehenswertes Bauwerk	Bazilika
Sehenswertes Bauwerk	Sv. Anna
Besondere Natursehenswürdigkeit	Jama Pekel
Natursehenswürdigkeit	Ledenjača
Sonstige Sehenswürdigkeiten	Röm. Kastell
Info - Hinweis	5
Nationalpark, Naturpark	
Aussichtspunkt	
Kirche - Kapelle - Kirchenruine	
Kloster - Klosterruine	
Schloss, Burg - Schloss-, Burgruine	
Denkmal - Windmühle - Höhle	
Funk-,Fernsehturm - Turm - Leuchtturm	
Campingplatz - Jugendherberge	
Hotel, Motel, Gasthaus - Berghütte	
Schwimmbad - Strandbad - Jachthafen	
Empfehlenswerter Badestrand	
Staatsgrenze	
Verwaltungsgrenze	
Grenzkontrollstelle international	
Sperrgebiet	
Wald - Sumpf	

Mediterranes und Alpines treffen am Gardasee aufeinander. An den Ufern des größten oberitalienischen Sees wachsen Palmen, Oleander, Öl- und Zitronenbäume vor einer imposanten Bergkulisse. Dazu Tausende von bunten Segeln auf dem See – ein faszinierendes Bild.

Eine eher sanfte Küste mit alter Bäderarchitektur, dahinter die weite, von Wäldern und bunten Feldern gerahmte Seenlandschaft und hineingetupft Schlösser und Backstein-Hansestädte: Mecklenburg-Vorpommern ist an Vielgestaltigkeit kaum zu übertreffen.

Quer durch den Süden Englands von Kent im Osten bis Cornwall im Westen. Entdecken Sie unberührte Landstriche, bezaubernde Herrenhäuser und lebendige Badeorte, Cream Tea, Fish & Chips und last not least: englischen Humor und britisches Wetter.

Lieferbare Ausgaben

HB Bildatlas

DEUTSCHLAND

227 Allgäu
198 Altmühltal
204 Bayerischer Wald
235 Berlin
235 Berlin (englische Ausgabe)
185 Bodensee
111 Brandenburg
178 Chiemgau · Berchtesgadener Land
145 Dresden · Sächs. Schweiz
121 Eifel · Aachen
133 Elbe und Weser · Nordseeküste
171 Erzgebirge · Vogtland · Chemnitz
190 Fichtelgebirge · Frankenwald · Coburger Land
125 Fränkische Schweiz
131 Hamburg
131 Hamburg (englische Ausgabe)
73 Hannover · Braunschweiger Land
129 Harz
188 Hessisches Bergland
46 Hohenloher Land
234 Hunsrück · Naheland · Rheinhessen
233 Leipzig · Halle · Magdeburg
209 Lüneburger Heide
137 Mainfranken · Steigerwald · Haßberge
240 Mecklenburg-Vorpommern
151 Mittelfranken
135 Mosel
165 München
119 Münsterland · Münster
153 Nördlicher Schwarzwald
159 Nordseeküste Schleswig-Holstein
196 Oberbayern zwischen Lech und Inn
143 Odenwald · Kraichgau · Bergstraße
219 Osnabrücker Land · Emsland · Oldenburger Münsterland · Grafschaft Bentheim
155 Ostbayern zwischen Donau und Inn
211 Ostfriesland · Oldenburger Land
168 Ostseeküste Mecklenburg-Vorpommern
157 Ostseeküste Schleswig-Holstein
215 Die Pfalz
194 Potsdam · Havelland
149 Rhein und Ruhr
127 Rhön
208 Rügen · Usedom · Hiddensee
161 Saarland
78 Sachsen
114 Sachsen-Anhalt
200 Schwäbische Alb
179 Seen in Mecklenburg und Lauenburg
147 Spessart
214 Spreewald · Lausitz · Märkisch-Oderland
139 Südschwarzwald
224 Sylt · Amrum · Föhr
182 Tauber und Neckar · Stuttgart · Heilbronn · Rothenburg
173 Teutoburger Wald · Ostwestfalen
94 Thüringen
141 Thüringer Wald
202 Trier
163 Weimar · Erfurt · Nördliches Thüringen
237 Weserbergland

BENELUX

187 Flandern · Brüssel
146 Holland: Inseln · Küste · Amsterdam
62 Luxemburg

FRANKREICH

160 Atlantikküste
122 Bretagne
217 Burgund
225 Côte d'Azur · Monaco
222 Elsass
221 Korsika
132 Normandie
229 Paris
192 Provence
184 Südfrankreich · Languedoc-Roussillon

GRIECHENLAND

193 Athen · Peloponnes
140 Griechische Inseln: Kykladen
189 Korfu · Ionische Inseln
228 Kreta
104 Rhodos · Dodekanes
166 Zypern

GROSSBRITANNIEN · IRLAND

158 Irland
197 Kanalinseln
175 London
231 Nordengland
144 Schottland
241 Südengland
216 Wales

ITALIEN · MALTA · KROATIEN

195 Adriaküste · Emilia-Romagna
239 Gardasee · Trentino
156 Golf von Neapel · Kampanien
74 Italienische Riviera · Genua
238 Kroatische Adriaküste
128 Malta
210 Mittelitalien: Marken · Umbrien · Abruzzen
142 Oberitalienische Seen · Lombardei · Mailand
230 Piemont · Aostatal
226 Rom
136 Sardinien
232 Sizilien
201 Süditalien: Apulien · Basilikata
207 Südtirol
167 Toskana · Florenz
181 Venedig · Venetien · Friaul · Triest

MITTEL- UND OSTEUROPA

164 Böhmen
138 Budapest
148 Danzig · Ostsee · Masuren
120 Prag
152 St. Petersburg

ÖSTERREICH

162 Burgenland
170 Kärnten
199 Niederösterreich · Wachau
218 Oberösterreich
220 Salzburger Land · Salzkammergut · Salzburg
66 Steiermark · Graz
174 Tirol
47 Vorarlberg
206 Wien

SCHWEIZ

154 Basel · Bern · Aargau · Solothurn
172 Tessin
191 Westschweiz
72 Zentral- und Ostschweiz

SPANIEN · PORTUGAL

236 Algarve · Lissabon
223 Andalusien
150 Costa Blanca · Valencia · Alicante
109 Costa Brava · Katalonien
176 Gran Canaria · Fuerteventura · Lanzarote
213 Ibiza · Formentera · Menorca
134 Madrid
212 Mallorca
203 Nordportugal
205 Nordspanien
177 Teneriffa · La Palma · Gomera · Hierro

SKANDINAVIEN

183 Bornholm
186 Jütland
180 Nordnorwegen
169 Südfinnland · Helsinki
106 Südnorwegen
118 Südschweden · Stockholm

HB Bildatlas Euro-Special

13 Belgien
6 Dänemark
15 Deutschland
15 Deutschland (englische Ausgabe)
8 England · Wales
17 Finnland
1 Frankreich
7 Griechenland
2 Italien
10 Niederlande
11 Norwegen
5 Österreich
14 Polen
9 Portugal
12 Schweden
4 Schweiz
3 Spanien
16 Tschechien
18 Ungarn

HB Bildatlas Special

AFRIKA · NAHER OSTEN

67 Ägypten
64 Arabien: V. A. Emirate · Oman · Kuwait · Qatar · Bahrain
52 Indischer Ozean: Madagaskar · Mauritius · La Réunion · Seychellen · Komoren
17 Israel
47 Jemen
29 Jordanien
15 Kenia
72 Marokko
61 Namibia
22 Südafrika · Namibia
41 Syrien
71 Tunesien · Libyen
6 Türkei: Ägäisküste · Istanbul
1 Türkei: Südküste

AUSTRALIEN · OZEANIEN

45 Australien: Melbourne · Tasmanien · Westen
27 Australien: Ostküste
18 Neuseeland
38 Südsee

EUROPA

7 Island
54 Madeira · Azoren · Kapverden

SÜD- UND SÜDOSTASIEN · FERNER OSTEN

12 Bali · Lombok · Java
25 Himalaya
10 Hongkong
53 Indien: Rajasthan · Delhi · Agra
39 Indien: Südindien
23 Japan
43 Peking
69 Philippinen
19 Singapur · Malaysia
34 Sri Lanka und Malediven
49 Südkorea
70 Thailand
36 Vietnam

SÜD- UND MITTELAMERIKA · KARIBIK

44 Argentinien
30 Brasilien: Rio und die Küste · Minas Gerais
57 Chile
55 Dominikanische Republik · Haiti
63 Ecuador und Galápagos-Inseln
60 Jamaika
9 Karibik
65 Kleine Antillen: Antigua · Guadeloupe · Martinique · Barbados u. a.
33 Kuba
21 Mexiko
40 Mittelamerika: Guatemala · El Salvador · Honduras · Belize
51 Peru
28 Venezuela

USA · KANADA

58 Alaska
48 Chicago und die Großen Seen
62 Florida
24 Hawaii
2 Kalifornien
32 Kanadas Osten · Québec · Ontario
13 Kanadas Westen
68 Las Vegas · Grand Canyon
31 Nationalparks
46 Neuengland · Boston
20 New Orleans und die Südstaaten
5 New York
35 Nordkalifornien · San Francisco
56 Nordwesten: Washington · Oregon
50 Rocky Mountains
66 Route 66
42 Südkalifornien · Los Angeles
37 Südstaaten · Washington D. C.
26 Südwesten: Nevada · Utah · Arizona · New Mexico
59 Texas